大展好書　好書大展
品嘗好書　冠群可期

大展好書　好書大展
品嘗好書　冠群可期

武學名家典籍校注14

李存義
岳氏意拳五行精義

李存義 著
閻伯群 李洪鐘 校注

大展出版社有限公司

出版人語

武術作為中華民族文化的重要載體，集合了傳統文化中哲學、天文、地理、兵法、中醫、經絡、心理等學科精髓，它對人與自然和諧共生關係的獨到闡釋，它的技擊方法和養生理念，在中華浩如煙海的文化典籍中獨放異彩。

隨著學術界對中華武學的日益重視，北京科學技術出版社應國內外研究者對武學典籍的迫切需求，於二〇一五年決策組建了「人文·武術圖書事業部」，而該部成立伊始的主要任務之一，就是編纂出版「武學名家典籍」系列叢書。

入選本套叢書的作者，基本界定為民國以降的武術技擊家、武術理論家及武術活動家，而之所以會有這個界定，是因為民國時期的武術，在中國武術的發展史上占據著重要的位置。在這個時期，中、西文化日漸交流與融合，傳統武術從形式到內容，從理論到實踐，都發生了巨大的變化，這種變化，深刻干預了近現代中國武術的走向。

這一時期，在各自領域「獨成一家」的許多武術人，之所以被稱為「名人」，是因為他們的武學思想及實踐，對當時及現世武術的影響深遠，甚至成為近一百年來武學研究者辨識方向的座標。這些人的「名」，名在有武術的真才實學，名在對後世武術傳承永不磨滅的貢獻。他們的各種武學著作堪稱為「名著」，是中華傳統武學文化極其珍貴的經典史料，具有很高的文物價值、史料價值和學術價值。

目前，「武學名家典籍」叢書，已出版了著名楊式太極拳家楊澄甫先生的《太極拳使用法》、《太極拳體用全書》；一代武學大家孫祿堂先生的《形意拳學》《八卦拳學》《太極拳學》《八卦劍學》《拳意述真》；武學教育家陳微明先生的《太極拳術》《太極劍》《太極答問》；楊式傳人代表人物董英傑先生的《太極拳釋義》。本套《李存義武學校注》收錄並校注了一代形意宗師、中華武士會奠基人李存義先生傳世的《岳氏意拳五行精義》《岳氏意拳十二形精義》《三十六劍譜》《五行連環拳譜合璧》《八字功》《五行劍》《連環劍》《梅花劍》《三才劍》《三合劍》等多本拳械功譜。

李存義的形意拳特點鮮明，兼有河北、山西形意拳的傳承特徵，融合了八卦掌、太極拳的一些技法風格，部分動作還保留了外家拳械套路的影子。李存義先生的武學著述，在我國形意拳發展史上占有極其重要的地位，它在奠定河北形意拳理論基礎的同時，也促進了民國時期武術黃金時代的到來。

需要特別提示的是，《岳氏意拳十二形精義》原文中有一些注明需參照《岳氏意拳五行精義》的內容，為便於理解，建議讀者配套購買。

這些名著及其作者，在當時那個年代已具有廣泛的影響力，而時隔近百年之後，它們對於現階段的拳學研究依然具有指導作用，依然被太極拳研究者、愛好者奉為宗師，奉為經典。對其多方位、多層面地系統研究，是我們今天深入認識傳統武學價值，更好地繼承、發展、弘揚民族文化的一項重要內容。

本叢書由國內外著名專家或原書作者的後人以規範的要求對原文進行點校、注釋和導讀，梳理過程中尊重大師原作，力求經得起廣大讀者的推敲和時間的考驗，再現經典。

「武學名家典籍校注」，將是一個展現名家、研究名家的平台，我們希望，隨著本叢書的陸續出版，中國近現代武術的整體風貌，會逐漸展現在每一位讀者的面前；我們更希望，每一位讀者，把您心儀的武術家推薦給我們，把您知道的武學典籍介紹給我們，把您研讀詮釋這些武術家及其武學典籍的心得體會告訴我們。我們相信，「武學名家典籍校注」這個平台，在廣大武學愛好者、研究者和我們這些出版人的共同努力下，會越辦越好。

序

天津本燕趙之區，豪俠氣象素號恢閎。所惜地域促狹，兼之開發較晚，武術難謂發達。然津埠肇自軍衛，又允為漕運碼頭，六百餘年以來，尚武風習亦自不磨。迨至晚近，以海疆門戶故，頻遭列強凌夷，外侮內憂，交錯相襲，津民得有切膚之痛。國事危殆，民力疲乏，所謂強國強種，迫在眉睫之間，武術一事乃大興焉。

學人闡繹民國武術之盛，例稱「南有精武門，北有武士會」，此說推源雖未必久遠，然要亦契合實情。而精武門之霍元甲，武士會之李存義，兩位民國武林巨擘，均與天津關係密切。

霍氏生於津南小南河村（今屬西青區精武鎮），舊居暨墓園業已修葺如故，允為武林豪英瞻拜之聖地；李氏雖非津人，然所啟之中華武士會則肇自津門，其後影響乃漸及江南塞北。

壬辰仲秋之月，余輯錄《中華武士會百年紀念集》，撰有簡短「編後記」，以為民間之武術研究，毋論宏觀微觀問題均繁，若擬不斷提高層次，真正進入學術領域，還要走很長的路：

「一是消除門派之爭和畛域之見，武門人士和專家學者能坐在一起，真正心平氣和地研究探討問題；二是對既有武學典籍進行科學整理出版，對各門各派秘不外傳的文獻進行大力挖掘並公之於眾；三是堅持實事求是，對本門本派歷史不誇飾，不溢美，更不能無中生有混淆視聽，同時對既有之混亂正本清源，辨偽存真；四是口述資料的採集，方法要規範和科學，不能羼入非學術的東西，否則難於真正進入研究的大雅之堂；五是提高研究者和愛好者的整體文化素質，同時不斷拓寬學術視野；六是適時成立有關研究組織和基金會等，對相關學術研究進行推動和扶植。」

所云大體涉及兩個方面——武術發展和武學研究。這些都是隨記所思，現在看來頗為雜沓。然而將近四年過去，種種亂象可謂依然。這些問題的存在，不僅限制了武學研究的深度和廣度，也制約了武術發展的傳承和創新。

兩個月之前，伯群先生傳來《李存義武學輯注》書稿，希望我寫幾句話冠諸篇首。我於武術並武學都是外行，遠無置喙其間的資格；然而我與伯群先生，與李存義及中華武士會，與天津歷史文化研究，有種種扯不清的因緣，使得我沒有藉口來拒絕。《李存義武學輯注》所錄李存義武學著述，泰半完成於李氏寓津期間，由其弟子杜之堂、董秀升等襄助整理。《李存義武學輯注》文獻來源清楚，真偽辨析明確，史料去取精審，整理方法得當。準此，本書之價值和意義，非但為津門武學添增光彩，或亦可視作改變某些亂象之契機，至少可說是一次示範性實踐。

北京科學技術出版社面對洶湧商潮，不惟浮名，不計錙銖，慨然將《李存義武學輯注》納入「武學名家典籍叢書」梓行，此類成果若能日累月積，無論對武術發展還是武學研究來說，都是一件非常幸運的事。

丙申端午後三日

杜魚草於沽上四平軒

（杜魚，原名王振良，天津市著名文史專家、今晚報社編輯）

導讀

清末民初，中國武術處於歷史發展的勃興期，湧現了以傳統哲學名詞命名，並以哲理闡發拳理的拳術和拳派。清晚期，以太極學說立論的太極拳，以八卦學說立論的八卦掌，以五行學說立論的形意拳，不斷演進，活躍在燕趙大地。作為內家拳重要拳種的河北形意拳，在長期的發展過程中，融會和吸取了地域人文環境和自然環境的營養，形成了獨特的技術風格和深厚的文化內涵，成為「源流有序、拳理明晰、風格獨特、自成體系」的優秀拳種。

形意拳源自心意六合拳，始於明末，盛行於晚清，為明末清初山西蒲州人姬際可所創。姬際可擅長「心意把」，尤精槍法，據說他在終南山見鷹熊相搏，心有所悟，於是變槍為拳，編創新法，並尊民族英雄岳飛為始祖。

姬際可門下，分成河南、山西、河北三大派系，分化成不同的名字傳承，包括心意六合拳、心意拳、形意拳等。傳承譜系上，姬氏傳曹繼武；曹又傳山西戴龍邦、河南馬學禮；戴龍邦再傳河北深州李洛能。李洛能根據拳術的原理原則及特點，反覆實踐，對心意六合拳進行了大膽的改革創新，衍化出新拳種「形意拳」。李洛能傳郭雲深、劉奇蘭、宋世榮、車毅齋等，在河北和山西兩地傳承。在河北，以郭雲深、劉奇蘭為代表，被稱為河北派形意拳。

清末民初，河北派形意拳發展最為迅猛。在形意拳的第三代，以李存義為代表的武術家開始把這種風格簡約、融技擊與健身為一體的內家拳法傳播到京津等大城市，在北方地區普及，直至輻射全國，進入軍隊、學校，形成當時全國影響最大的拳種。

形意拳在近代歷史上的巨大社會效應，與李存義等武術家站在時代激變的潮頭，追求強國強種、武術救國的夢想密不可分，也與其個人叱吒武林的風範、高尚的武德修養息息相關。李存義之於形意拳，乃至形意八卦，堪稱承上啟下、奠定基業的一代宗師。

李存義小傳兩種

李存義誕生於清道光二十七年（一八四七年），是形意拳肇始初期以鄉邦傳承為主的深縣籍拳家，與前輩拳師一樣，均因家貧無資入塾，而以習武謀生。因缺少文化，李存義自己留下的生平文字極少，且武術作為民間活動，很少見載於官方史料，再加上年深代遠，僅有的一些文獻和口傳資料逐漸湮滅，儘管曾經是一位在武術史上產生過偉大影響的人物，其事蹟也顯得極為疏略。

現存李存義小傳兩種，均為其隨身弟子撰寫，可資採信。民國二年，李存義攜弟子郝恩光、李彬堂、李子揚等執教於中華武士會本部，擔任教務主任，開始編纂形意教科書。他與弟子黃柏年編錄了《五行拳譜》一部。

此書為手抄本，現藏於天津市河北區檔案館，《武魂》雜誌根據此版本整理後發表。其序文部分介紹了形意拳的源流、中華武士會的創會歷史，涉及李存義的生平事蹟，此為李存義小傳之一種。

《五行拳譜》序

（原譜現存第一頁）□□□□拾年，時東洋□□□命劉□□□征東總師。其年臘月，在京城靖摩寺招考武士，得第一名總教習，隨營教授將佐。抵金陵，公任為兩江督□□總，止仕歸籍後，友人邀在保□□□萬通鏢局，公為該局之局長□□□□□□□□英雄之佳□□□□□□□□之規模。

（原譜現存第二頁）孫□□□□□□□□□□公雖財政□□□□□揚燕趙之士，咸知李公武技道德過人。至庚子變亂，鄭州諸門人歡迎抵鄭，挽留十餘載，收徒甚廣。宣統三年冬月

《五行拳譜》殘本

歸籍。民國元年天津組織中華武士會本部，舉公為本部總教員。二年春二月，因南北意見有歧，政府委任王芝祥君為江西宣撫使，請公腹心從事，又命公為江西司令部總教員。續在金陵、上海等處□□□□提倡武風。抱定國民轉□□□□□□至□□□□□□。

（原譜現存第三頁）予幼愛習拳術，初本為強身練習，繼乃成技藝門中人也。然雖若此，於技藝中，余終不知其究竟。復貿易云□所□□□□□□丑春月，經王君維忠介紹於李存義夫子門下。公待遇篤誠，指教眞功。余天性魯鈍，惟克（刻）苦功勤，後稍得堂室門徑。民國元年，天津組織中華武士會，邀余為本部教員。雖技業淺薄，而授處之間，膜得我為成贊（此句難認，恐用字有訛錯）。是李公一世之春暄（暉），難以我報。又蒙假以拳劍諸譜，其中語言深奧，唯恐初學者有弗明通之處。余等故解釋數篇，為初學者辱覽。

……

第四章形意拳歷史。此功自達摩祖為始。初，祖靜坐山林，觀其龍、虎、諸雞彼此相鬥，各有所長。祖睹其形勢，又以五拳為母，遂悟出十形，前文敘明，故不再錄。至宋朝岳武穆王以得此異術，又增二形，鷹、熊是也，至今河南湯陰縣岳家專門傳授尚在焉。咸豐年間，山西戴（戴）（原作「載」，自後改正之）龍邦先生，在河南得此傳授。同治三年，直隸深州李君飛羽，平生最好武技，因貿易抵太原，經孟君介紹於戴先生。時李初見戴，即論平生所習，談吐豪邁，稍一比拼，而知戴為異人也。自此北面而師之。經歷十易寒暑，戴曰：「子勇成矣。」後李君返直，所收弟子甚廣，余不能盡述，擇其要者略而言之。第一、有深縣城內劉奇蘭君；二、郭雲深君；三、山西車永宏、宋世榮。未能細述。於光緒甲午年，諸君樹教京門。余師李公存義，立負笈從師，方得此術。至庚子，直省變亂，京師頹靡。時燕南之士，咸知李公武技、道德過人。鄭郡諸門人歡迎抵鄭，留十餘載，至宣統三年冬月歸籍。民國元年，諸君提倡尚武，其中有葉雲表君、張恩綬君、張占魁君、劉殿琛君、張季高君、韓秀珊君將餘等招至天津，同為提倡武風，先組織武士會。本郡廣設傳習所，為求普及全國之目的，喚起我國尚武之風。此形意所由始也。

李存義先生　黃柏年君同增修

民國二年冬月於天津公園內武士會師徒燈下修繕

（□代表原抄本無法辨認的損壞文字）

李存義的另一版本小傳，由濟南才子、中華武士會成員楊明漪撰寫，收入《近今北方健者傳》。本書於一九二三年出版，又稱《拳勇見聞錄》。楊明漪本人既是李存義的弟子，也是中華武士會創立和發展的見證者，《近今北方健者傳》一書是研

《近今北方健者傳》

究中華武士會歷史的珍貴資料。此為第二種。

李存義，字忠元。直隸深縣南小營村人也，世稱其業為首飾李，或稱其藝為「單刀李」先生者也。先生修七尺有咫，赭顏鐘聲，精通武術，未嘗讀書，然於拳家譜牒，無不心識手摹。自言歷習多門，年三十八，皈依形意門。師事劉奇蘭，與八卦門之眼鏡程、翠花劉為兄弟交。民國八年，年七十矣，望之如四十許人，內功醇而睟盎見，理固然歟。施教未嘗有懈容，學者遇之，輒依依不忍離。聆其一二語，終身由之，無銖粟失，大河以北宗之。高弟某功行最深，聲塞津京間，一日請益，先生用劈拳，未致力也，某仆丈餘外，體無輕微傷，予適值之，不知其手法也。先生名滿天下，顧與人恂恂如老嫗，殆俠其骨佛其情者耶？著拳譜二百餘卷，皆手自編錄圖解。民國元年創辦天津中華武士會，今會中及弟子孫祿堂所出之拳譜，特其緒耳。予師事先生又與其子彬堂游，於八年秋（一九一九年），先生之歸農也，曾合影作頌以送之曰：七旬老翁，髮鶴顏童；精深武術，形意是攻；娓娓循循，宇內從風；闡明詳贍，著述富隆；黃河滾滾，岱岳崇雄；守先傳後，斯道無窮。

明漪曰：忠元先生，於民國十年辛酉二月二十八日，病逝於家中，年七十二。予從之學，然文弱不任先生教，惟受呼吸法爾，並以之卻病者今數年矣。聞先生之高弟云，先生之拳械，無不造極，所編十三槍法，尤為集大成之作。學者均未能窺其深，略有所獲，即享大名矣。中華武士會謀所以壽之貞珉者，其事蹟尚未徵齊也。

創立中華武士會

早在清宣統二年（一九一〇年），李存義就在天津三條石創辦了民間武術團體「中華武術會」，開始了民間武術資源的整合，這個團體也成了中華武士會的前身。

辛亥革命以後，民國成立，銳意圖強，孫中山宣導尚武精神，以強國強種，振興國本，民間尚武之風蔚起，我國固有武術迅速復興。燕趙之地自古就是孕育英豪俠客的文化息壤，在民族崛起之時，各界精英共同引領了武術變革的潮流。於是，由李存義、張占魁、李瑞東等一大批愛國武術家發起的中華武士會宣佈成立。中華武士會在確立了形意、八卦、太極三大內家拳格局的同時，開拓了中國武術本土化的教育傳播模式，把國粹武術普及到學校、軍隊，繼之上升為「國術」，促進了中國武術的空前繁榮，在當代和後世影響巨大，其肇始之功首歸李存義。

一九一二年六月五日、六日，天津《大公報》發佈了「中華武士會公啟」「中華武士會簡章」及「中華武士會傳習所簡章」。其中「中華武士會公啟」，從制度、思想、文化三方面剖析中國武術復興的必要，在當時可稱振聾發聵的吶喊：

「我中國者，一尚武之國也。自我祖黃帝降崑崙，而東以武力逐蚩尤得中土，其雄武氣概，蓋可想見。以及戰國時代，各國猶莫不崇尚武事，盡力發揚其尚武之精神。蓋自古迄今，未聞有文弱之民而能立國者也。迨夫後世中原一統，各專制君主皆極思柔弱其民，使易於控馭，自是武道始不競矣。極其弊而通國士夫，皆以習武事為輕狂，不但不以為可貴，而反蔑視之，遂使通國之人靡弱若病夫。夫以靡弱若病夫之人，而欲競勝於此強權之時代，其有幸乎？吾中國近年以來，屢遭外人侮辱，而無如之何者，其原因雖不一，而國風之文弱，與士氣之不振，則為其原因中之過且大者無疑也。彼東瀛蕞爾三島，人口土地不及我者，不止數倍，而能一戰辱我，再戰破俄，彼國士夫推原其故，輒歸功於彼之武士道。由斯以察，武道之有關於國家興廢，不亦重大矣哉。況我中國之擊技，其神妙實甲全球，若其變化莫測、剛柔並用、運氣諸法，又為外人所夢想不到者。凡此，皆我先民好武者，久由經驗而得之，豈有神權涉其間者。

日本拾我唾餘而能名動天下，甚至美之大總統求教師於彼邦，英之女校體操將盡改，用其柔術，拾我餘唾而能盛稱於天下，且收莫大實益，若彼者何也？此無他，以彼之視此有若第二之生命故也。我則藏精具粹，而世莫知焉，國家亦未能得其利者，何也？此無他，以我之視此直蔽屣之不若故也。他無論矣，就學界一方面觀之，日本中學程度以上各學校，其校中莫不設柔道擊劍，各部學生亦未有不習之者。年中試，合數次定優劣，以資鼓勵。故學生時代除研究功課外，談則論武，聚則鬥力，周視全國莫不皆然。吾國則反，是文人直以運動為輕佻，而且視為下流。以此相較，彼興我腐，豈偶然哉？同人觀此情形，慨歎莫已。用特發起此會，欲以聯絡同好，廣征武術名手，自茲以往，振起我數千載之國粹，使光顯於世界。於是我國之武風可長，士氣可振，國本可立，此豈可再忽之者哉？近世體育一科，各國莫不競尚，其操練之術亦種類不一，然其適於運用，且益於體力者，則皆莫我中國之古擊技，若此亦不必詳論，就實際上比較之，自了然矣。

觀凡精於擊技者，其體力、氣力、魄力、膽力不勝常人數倍耶？吾人處世行事乏以上數種力者，鮮能成功。而欲備此數種力，則非近今各運動法所能濟事。蓋法門之不同，而收效自異也。今同人創設此會，募集擊技名手，廣設傳習所，以求普及，期我國民自茲以往，變文弱之風而成堅強之習，以負我民國前途之重任。諸君有聞風興起者乎？此同人大有厚望焉者也。」

「中華武士會簡章」對武士會的辦會宗旨、建制、人員等做了規定。名稱，定名為中華武士會（亦稱中國武士會，意在武術普及全國之目的）。宗旨，以發展中國固有武術，振起國民尚武精神為宗旨。會員，以年在十五歲以上，籍為中華國民而品行端正者充之。會期，每年開春秋兩季大會，是為常會。會所，暫假河北三條石直隸自治研究會總所。中華武士會附設傳習所，學科分為兩種，一速成科，一專修科。

中華武士會發起之時，也是河北形意拳術崢嶸初露之機，北方各派拳家都對新興的形意拳術爭議頗多，質疑形意拳的實際功用，於是李存義率弟子郝恩光與李子揚夜半拜見中華武士會支持者張繼等人，陳形意之適用，為國粹，並令兩位弟子演習拳術。演練中，地磚碎裂數方，令張繼等人驚歎不已。

次日開會，公佈形意拳術為中華武士會首選，李存義為教務主任，劉文華為總教習，李彬堂、郝恩光等為教員，以傳授形意、八卦、太極拳為主，另有八極拳、通背拳、戳腳等，各拳種均由優秀拳師任教。中華武士會由教務主任李存義為總負責人，代理會長之職。隨著武士會的發展，除李存義、李星階二人外，還先後有幾位捐資人擔任過會長或名譽會長，但均為掛名。

中華武士會創立後，到天津公園學習武術的人絡繹不絕，常有學生、教員、商人排隊前往學習武術。由於場地不足，中華武士會在河北甘露寺宣講所設立分部，招致學員。作為師資，中華武士會聚攏了一大批中國北方武林的頂尖高手，如定興三李、尚雲祥、郝恩光、李彬堂、王子翽、程海亭、李進修、王俊臣、韓慕俠、黃柏年、張景星、李書文、霍殿閣等，都是中華武士會的早期教員、中國武術教育的先行者。

中華武士會還彙聚了一批劍膽琴心的文化精英，整理編寫武術教材，如學者杜之堂、學務公所畫師閻子陽，為李存義口述拳譜、劍譜進行編錄和繪圖，加以系統整理，對後世河北形意拳研究奠定了理論基礎。黃柏年也與老師李存義燈下修譜，留下《五行拳譜》一部。

在社會各界愛國人士的支援下，中華武士會蓬勃發展，京津各校紛紛到武士會聘請教員。一九一三年，李子揚受聘於天津北洋大學，李劍秋接替劉文華赴北京清華學校任武術教員。中華武士會的武術教學活動擴大到全國。李存義為調節南北政治分歧，赴江西司令部任總教員，後在金陵、上海等處提倡武風，在上海南洋公學（**上海交大前身**）教授拳術，數月後返津。同年，中華武士會在日本成立中華武士會東京分會，傳授中國留學生。來自中國的形意拳術讓日本武士道深感中國武術的深邃，羡慕且嫉妒。日本武士道召開賽武會，意將抑制中國人以自揚。郝恩光登臺，展露形意絕技，日本武士無敢攖之。形意拳術被日本人視為武林絕學，在私下揣摩和研習，重金邀請郝恩光傳授技藝，被郝拒絕。郝恩光歸國時，受到留學生的熱烈歡送。

一九一八年夏，天津博物院召開成立展覽大會，以中華武士會為主體，李存義在弟子李星階的協助下，召集北方數省六十多個門派，三百多位武術家莅會表演，規模之大，影響之廣，堪稱空前。各派之間溝通了感情，交流了技藝，受到社會各界的嘉許，數百群眾踴躍報名加入武士會，武士會利用天津城廂附近的四個宣講所，除原有的甘露寺（北大關）宣講所、天齊廟（東馬路）宣講所，還在西馬路、地藏庵（河東糧店街東）兩處宣講所，設立武士會分部，與天津社會教育辦事處共同推行社會教育，兼籌並顧，形成德智體三方面興學的一部分。

一九一八年九月十四日，北京召開萬國賽武大會，俄國大力士康泰爾設擂比武，主辦方函請北方武術家到京。李存義為維護國術和民族尊嚴，率門人數十前往赴會較技。會上，因格於警廳、步軍統領之禁未得交手，改為演武，中華武士會有精彩表演。其後，康泰爾表演舉重，力舉二百斤石墩，墩上帶六人，環社稷壇走一圈。中華武士會王貴臣舉其墩，能帶十二人環社稷壇走三圈，以此神功絕技懾服了俄國大力士，使其將十一塊金牌主動獻給中華武士會。中華武士會參加賽武會的消息被北京、天津、上海的各大報紙連續跟蹤報導，成為當時家喻戶曉的社會新聞。會後，北京《順天時報》、天津《大公報》和《益世報》先後以《中華武士會賽武大會之詳志》為題，刊發詳細報導。

萬國賽武大會後，北方各省掀起習武熱潮，前來中華武士會習武人員徹夜不斷，令年事已高的李存義難以應付，隱居英租界弟子張天普家中，由繼任會長李星階打理會務。

李星階在主持武士會期間，秉承李存義的辦會理念，團結武林人士，聯絡各個門派，以武術教育為主旨，與閻子陽、王子翽、楊明漪、韓怡庵等一批武士會的骨幹成員做了大量卓有成效的工作，使中華武士會成為我國北方武術教

一九一九年中華武士會教職員合影
左起：程海亭、韓慕俠、周祥、李呈章、李星階

育活動的中心。

李存義對弟子們的成績給予了極大的肯定，深感欣慰，遂於一九一九年秋歸鄉，頤養天年。

武學貢獻

中華武士會所凝聚的武術家、教育家，以燕趙大地為地緣，深受古燕趙文化薰陶，在學術上，繼承了明末清初哲學家孫夏峰以及後學者顏習齋的學說，主張文武並重、經世致用，注重身體力行，燕歌沉雄之氣一脈相承，因此，在體育教育理念上，較早認識到，武術不獨可以強健體魄，也可以增進德性，具有教育之價值，即體育，以養其體力，啟其智慧，尊其德性。所以，中華武士會在李存義的教育理念的指導下，敢於率先打破沿襲了幾千年的私相傳授、匿於岩穴的傳承方式，一改為著述教材，公開傳播，開辦傳習所，在社會各界廣泛招生；同時，邁出更重要的一步，進入課堂，開啟了中國武術教育的先例，贏得了示範效應。

一九一五年四月，全國教育聯合會在津召開，通過了舊有武術列為學校必修課的議案，教育部明令「各學校應添中國舊有武技，此項教員於各師範學校養成之」。至此，源遠流長的中國武術確立了在現代教育領域的地位。

據楊明漪《近今北方健者傳》載，李存義「著拳譜二百餘卷，皆手自編錄圖解」。本套《李存義武學輯注》收入了李存義先生手錄或口述，並由弟子編撰而成的主要著作，這些著作曾作為中華武士會學員、中高等學校、軍校的普通教材，廣為使用。其內容是形意拳最具代表性的拳械套路、理論功法，是修功練武之門徑。

本書在編輯過程中，根據內容關聯和篇幅分為三冊：第一冊《岳氏意拳五行精義》（附《五行連環拳譜合璧》），第二冊《岳氏意拳十二形精義》（附《八字功》），第三冊《三十六劍譜》（附《五行劍》《連環劍》《梅花劍》《三才劍》《三合劍》）。

筆者在校注李存義先生著作時，發現一個比較容易混淆的因素，就是本書影印和校注過程中參校的版本較多，比如「保定本」「山西本」「杜本」等。根據校注中具體的使用情況，對各個版本說明如下：

《岳氏意拳五行精義》（上下冊），李存義原述、董秀升編輯，一九三四年由晉新書社刊行。本書將上下兩冊《岳氏意拳五行精義》《岳氏意拳十二形精義》分別影印。據傳一九一四年李存義曾授董秀升岳氏意拳古拳譜，但原書未見。從一九三四年刊行的《岳氏意拳五行精義》來看，多係《武術研究社成績錄》所編。

《五行連環拳譜合璧》，李存義口述、杜之堂編錄、閻子陽繪圖，刊行於中華武士會早期。本書影印簡稱「杜本」，由於篇幅較小，附於《岳氏意拳五行精義》之後，但讀者萬不可輕視之。《五行連環拳譜合璧》是中國近代流傳最早的一部形意拳術教材，編寫於民國初期，為此後出版的形意拳著作樹立了典範。一方面，它建立了語言通俗而層次井然的理論體系。清末流傳的形意拳抄本，其理論多晦澀難明，同一主題的論述，多分散於全書的不同章節，缺乏理論的層次性、邏輯性。對文化程度較低的習武者來說，如同天書一般，很難正確指導練拳實踐。

《五行連環拳譜合璧》一書，對古人的寫作方法進行了徹底改革，實現了理論的系統性、層次性。該書首先闡述形意拳的理論基礎——五行理論以及與五行相對應的五臟與五拳；繼而介紹了人體基礎知識——四梢理論及四梢在拳術中的相應練法和功用。更為難能可貴的是，它把零散存在於古拳譜中的有關形意拳的各部身形要求，做了精準的提煉，總結出了「八字訣」「九歌」這樣的經典篇章，通俗易懂，合轍押韻，朗朗上口，便於記憶，成為後世傳人練習形意拳的準繩，直至今日仍為形意拳著作所引用；另一方面，它開創了詳細圖解拳術的先河。此書問世之前的拳譜，多是只有文字理論，沒有插圖，即便有圖也無詳細的圖解，使讀者只能望書興歎，無法學習。《五行連環拳譜合璧》的插圖，能夠精確地表現形意拳的技術要求，把動作之間的過渡狀態也用虛線形象地描繪出來，還把拳術的行進路線準確畫出，使學者一目了然。

《三十六劍譜》，李存義口述、杜之堂編錄，刊行於中華武士會早期。本書加以影印。

《武術研究社成績錄》，保定陸軍學校一九一八年編訂，大量收錄了李存義拳械圖譜，由王俊臣、李劍秋校訂，張桐軒編輯。本書將其中的八字功、五行劍、連環劍、梅花劍、三才劍、三合劍等章節影印，其他部分作為參校，簡稱「保定本」。一九一五年，教育部在全國明令開設武術課程後，形意拳走進校園。直隸各省武術教員多由中華武士會會員擔任，這些拳譜也隨之變成各學校的武術教材範本，直接用於武術教學。一九一六年，保定陸軍學校開設武術課，成立武術研究社，並於一九一八年出版《武術研究社成績錄》，為保定陸軍學校「同人將年來所習拳術課目而訂之為成績錄」。此書中大部內容採用了李存義口述之拳械圖譜。

《八字功拳譜》，民國初年李存義口述、杜之堂編錄。本書作參校使用。

《形意拳古譜》《拳術講義》，一九一九年，張桐軒於山西國民師範學校任教，印行此二拳譜，簡稱「山西本」。本書作參校使用。

《李存義劍譜》裴錫榮藏本，簡稱「裴本」。本書作參校使用。

《五行拳譜》，李存義與弟子黃柏年編錄。本書作參校使用。

李存義先生「歷習多門，年三十八皈依形意門」，在他所編拳械套路中，有如下特點：

第一，部分動作仍然保留外家拳械的特點。例如，有些動作要求：「前腿進、絀，後腿跟、支」的弓箭步及劍術中常見有臂伸直的動作，明顯存有外家拳的影子，不過在步法上採用形意拳的跟步，這樣發力更加充沛，姿勢舒展美觀大方。當然，山西、河南的心意六合拳也常見重心在前腿的動作，說明早期河北形意拳也沿襲了心意六合拳的特點。

第二，融合八卦掌、太極拳的特點。李存義先生武藝精深，輕財重義，廣結豪俊，與八卦門程廷華、劉鳳春，太極門李瑞東以及劉德寬等為兄弟交，故李存義所傳形意拳械套路把八卦掌、太極拳的技法和風格有機地融入進來。李氏所編「龍形掌」「龍形劍」就是典型的形意、八卦合一的套路；五行拳中鑽拳回身勢也是採用了八卦掌中轉環掌動作，在「八字功」套路中更是多處吸收了八卦掌的肘下穿掌和轉環掌，在步法上也採用了八卦掌的扣步，演練風格則採用了太極拳的輕緩柔和發勁含蓄的特點，故又稱作「軟八手」；李氏所編「六合劍」中也吸收了八卦劍的步法和動作。

第三，融合河北、山西形意拳的特點。據姜容樵《形意母拳》記載：「北方自李洛能傳授形意時，僅五行、連環，十二形半數而已。至郭雲深先生仍之，後由李存義先生及同門某公，赴山西太谷，尋訪同門前輩精斯術者，乃盡其所學而載之歸。」

總之，李存義先生的武學著述，在我國形意拳發展史上佔有極其重要的地位。它在奠定河北形意拳理論基礎的同時，也促進了民國時期中華武術黃金時代的到來。本套《李存義武學校注》是國內首次系統出版的李存義武學著作，囿於筆者的學識，在校注中不免謬誤之處，懇望廣大讀者和同仁批評指正。

岳氏意拳五行精義①

【注釋】

①《岳氏意拳五行精義》：李存義原述，董秀升編輯。原作分為《岳氏意拳五行精義》《岳氏意拳十二形精義》上下兩冊，一九三四年由晉新書社刊行。本書將兩冊分別校注出版。

强種之聲

邱仰濬題

強種先聲

邱仰濬①題

【注釋】

①邱仰濬（一八九六——一九四九年）：字淪川，山西沁縣人。生於一八九六年，早年入山西省立法政專門學校，畢業後留學日本明治大學。回國後曾任教於山西省立法政專門學校、山西大學。

一九二五年，任山西五台縣縣長。一九二八年，任平津衛戍司令部總務處處長，同年十一月七日至一九三一年一月三日任山西省政府委員兼民政廳廳長。一九四六年三月，任『國民大會』山西省代表選舉總監督。一九四八年，當選監察院監察委員。一九四九年一月二十七日，乘船去臺灣途中遇難。

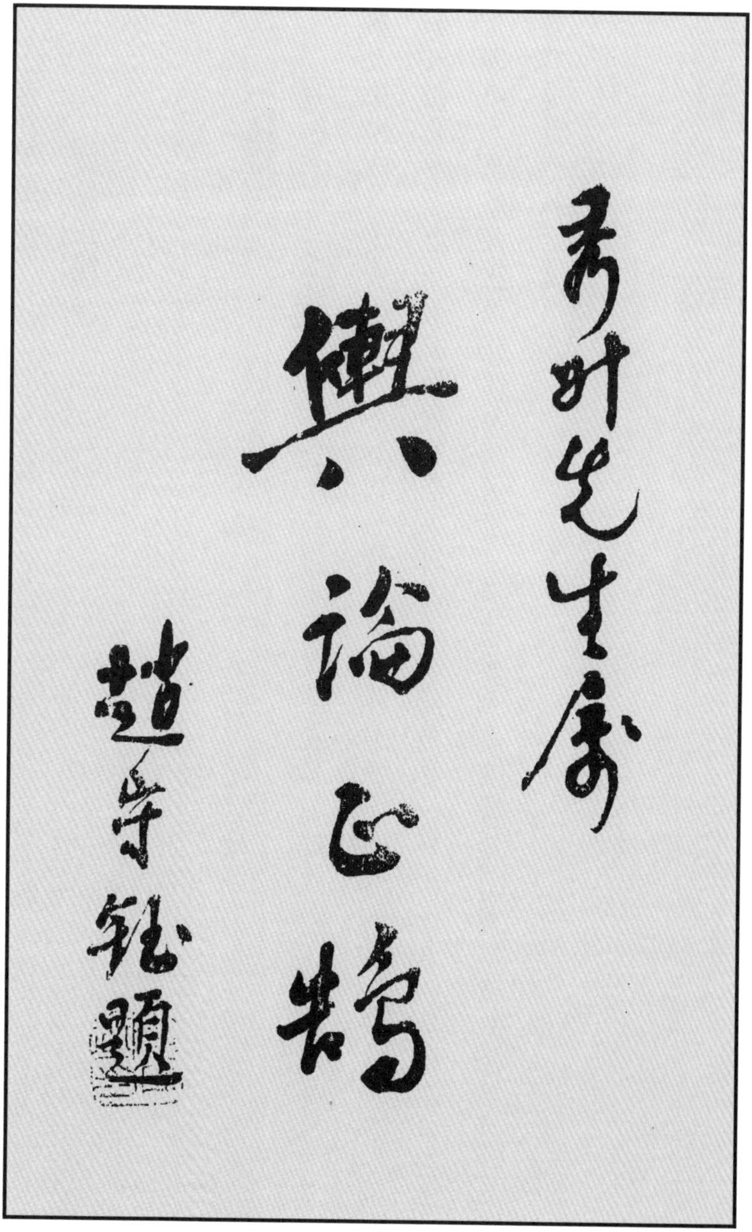
趙守鈺題

秀升先生屬

輿論正鵠

趙守鈺①題

【注釋】

①趙守鈺（一八八一—一九六〇年）：字友琴，號式如，山西太谷人。早年入保定陸軍速成學堂，參加同盟會。辛亥革命後，歷任山西陸軍部隊職。後加入西北軍，歷任西安警備司令、河南省政府委員、鄭州市長、陝西省政府委員等職。抗戰後，歷任賑濟委員會、黃河水利委員會委員長。一九四六年，任監察委員。後去臺灣。

秀生仁兄囑題

富強基礎

愚弟馬甲鼎

秀生仁兄囑題

富強基礎

愚弟馬甲鼎①

【注釋】

①馬甲鼎（一八八九—一九五四年）：字立伯，山西稷山人。法政學堂畢業。曾任太原監獄暨陸軍監獄教務、山西《宗聖報》主編、山西省立教育學院教員、山西省教育廳科員、山西省政府秘書等職。新中國成立後，任職於山西大學，從事古籍整理工作。

健身強國

秀升大兄屬

常贊春題觀

健身強國

秀升大兄屬　常贊春①題覘②

【注釋】

①常贊春（一八七二—一九四一年）：字子襄，山西榆次人。清光緒二十八年（一九〇二年）中舉，宣統元年（一九〇九年）考入京師大學堂，師從林紓等經學大師，授文學士。民國七年（一九一八年），授國會衆議院議員。終身從事教育及文化事業，諄諄善導，著作等身，桃李滿三晉，為著名教育家、國學家、文學家和書法家。

②覘：ㄓㄨㄢ，謹慎的意思。

國之本在家，家之本在身，鍊方乃所以興家，乃所以繼國，乃所以爭存民族之大本

勢不使心好之法意變

代作骸之氣血貿一切處

付貴為見我伐之空

論之高調

秀生名師命題

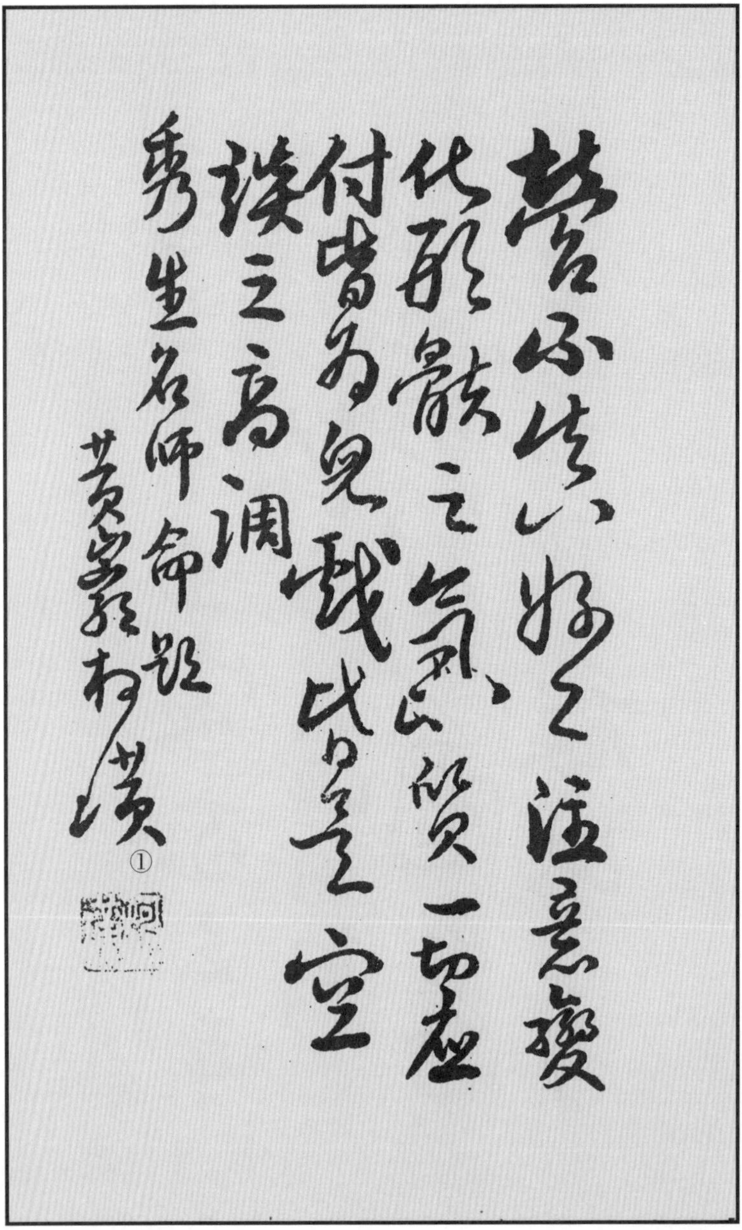

國之本在家，家之本在身。鍊身即所以興家，即所以衛國，即所以爭存民族，此大本營。

不眞好好注意變化形骸之氣質，一切應付皆為兒戲，皆是空談之調。

秀升名師命題　黃巖柯璜①

【注釋】

①柯璜（一八七六——一九六三年）：浙江省黃巖縣人，現台州路橋桐嶼人。清末畢業於京師大學堂。歷任山西大學美術教員、山西博物館館長、山西圖書館館長、北京故宮古物陳列所主任。

寶我國魂
秀升大兄屬

強國之基

賈蘊高題

強國之基

賈蘊高①題

【注釋】

①賈蘊高（一八八五—一九四〇年）：名萬隆，字蘊高，號慕騫，山西省清徐人。十七歲到河南學商，好武善文，初學彈腿、長拳，後拜宋世榮為師，得其眞傳。他天性剛直，身體魁梧，臂力超人，切磋技藝直進直入，同道者都很贊慕。一九三三年至一九三五年間，山西、山東曾分別舉辦過武術賽會，他被聘為裁判。一九四〇年被日寇殺害。

吾華國粹迺武迺文文動天地武鎮
乾坤拳術之祖淵源是自遠代
嬗猶標心意身亂董君手提精義
強國強種我武惟揚凡我同胞念
茲在茲承此上編發育之師

甲戌夏五月之吉　箕谷武吟心志於

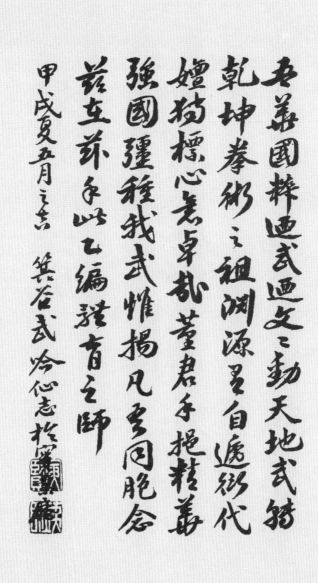

秀卅先生囑

闡揚國術

弟 呂生才 敬題

自序

秀升於民七、奉山西警務處長委任為山西官醫院中醫士每於診病之暇、嘗喜研習各國各派武術、如岳氏六合意拳、少林五行、八卦太極、公立拳、羅漢拳、及宋氏之内功納卦、神運、虵龍拳等等經、雖皆有各門受業之專師、大致僅得其皮毛、猶恨其習焉而未精也、何者既服務醫事、日與病人相周旋、營營於寒熱表裡、斤斤於補瀉溫涼、極勞極苦極沉悶、目所見多憔悴之色、耳所聞惟呻吟之聲、使不研習武術、以舒吾襟懷、則我身久已釀成鬱症、故余之研習武術、則等於自服為葯陳皮也、蓋聞德育智育體育、三者為立身之要術、亦治國平天下之大經、凡古往今來之大英雄大豪傑、莫不根基乎此、諺云、欲為健全之事業、必具健全之身體、所以欲充其德智而成大英雄大豪傑、以平治天下國家者必先由鍛鍊身心始、況吾國體育一道、發明最早、自伏羲畫卦、内運先天之氣、以存心意、外法鳥獸之跡、以為形勢、内外交修之旨、於斯著焉、慨自歐西火器流於中國、而武術[illegible]、幾廢不講、雖文明國民各有其獨精之技、又為世罕覯類如日本尚能恃其柔術、以炫於世我中國之大、乃於先民所遺武術、罔知研索、豈非有心人大惜者乎、現我國民政府鑒於人民之日弱、遂竭力提倡國術、以資圖強、然教者雖多、精者殊尠、或其間有一二傑出者、得其竅要、然非心性褊狹、即粗鄙不文、其教人也、語焉而不詳、傳焉而不精、使學者迷離恍惚、如墮雲霧、而欲登堂入室、亦已難矣、今春、山西民衆教育館來聘、擔任國術教員、夏六月又應山西國術促進會之聘為國術教師、自忖醫術資生、於此道、敢云精進、幸淵源有自、未入歧途、公餘時、邀將民三住天津武社會時、有該會總教務、直隸深縣李存義老師伯、授有岳氏意拳精義一書細為修正、編分上下兩冊、付諸石印、以廣李師之傳、惟此書乃李師一生精力所述、深得箇中精奧、非世之誇大虛譽者同日而語也、如書中所述三体勢八字訣、九歌等、及岳武穆九要論、十六要訣、並曹繼武先生十法摘要、養氣學論、練法規則等、皆意拳真正神髓、學者神而明之、會而通之、既足以却病延壽、又可健身強國、非止免除衰弱之痛苦、且能自衛而衛人、蓋練武者則身健、身健則魄力雄、意志強、魄力雄、意志強、則天下凡百事業、不難為也、

民國二十三歲次甲戌夏正、太谷董秀升序於并垣之養性軒、

自序

秀升①於民七，奉山西警務處長委任，為山西官醫院中醫士。每於診病之暇，嘗喜研習吾國各派武術，如岳氏六合意拳②、少林五行③、八卦④、太極⑤、公立拳⑥、羅漢拳⑦及宋氏之內功、納卦、神運、地龍拳等經。⑧雖皆有各門受⑨業之專師，大致僅得其皮毛，獨恨其習焉而未精也。

何者？既服務醫事，日與病人相周旋，營營⑩於寒熱表裡⑪，斤斤⑫於補瀉溫涼⑬，極勞極苦極沉悶；目所見多憔悴之色，耳所聞惟呻吟之聲，使不研習武術，以舒吾襟懷，則我身久已釀成鬱症，故余之研習武術則等於自服烏藥陳皮也。

蓋聞德育、智育、體育三者為立身之要術，亦治國平天下之大經，凡古往今來之大英雄大豪傑，莫不根基乎此。諺云：欲為健全之事業，必具健全之身體。所以欲充其德智而成大英雄大豪傑以平治天下國家者，必先由鍛鍊身心始。況吾國體育一道，發明最早，自伏羲⑭畫卦，內運先天之氣以存心意，外法鳥獸之跡以為形勢，內外交修之旨，於斯著焉。慨自歐西火器流於中國，而武術之肄⑮幾廢不講；雖文明國民各有其獨精之技，又為世罕靚⑯，類如日本尚能傳其柔術⑰，以炫於世。

我中國之大，乃於先民所遺武術罔知研索，豈非有心人大惜者乎！現我國民政府鑒於人民之日弱，遂竭力提倡國術以資圖強，然教者雖多，精者殊鮮。或其間有一二傑出者，得其竅要，然非心性褊狹⑱即粗鄙不文，其教人也，語焉而不詳⑲，傳焉而不精，使學者迷離恍惚，如墜雲霧，而欲登堂入室亦已難矣。

今春，山西民眾教育館來聘，擔任國術教員，夏六月又應山西國術促進會之聘為國術教師。自忖醫術資生⑳，於此道敢云精進，幸淵源有自，未入歧途。公餘時，遂將民三住天津武社會㉑時，有該會總教務、直隸深縣李存義老師伯授有《岳氏意拳精義》㉒一書，細為修正，編分上下兩冊，付諸石印，以廣李師之傳。惟此書乃李師一生精力所述，深得個中精奧，非世之誇大虛譽者同日而語也。如書中所述三體勢、八字訣、九歌等，及岳武穆九要論、十六要訣，並曹繼武㉓先生十法摘要、養氣學論、練法規則等，皆意拳真正神髓。

學者神而明之，會而通之，既足以卻病延壽，又可健身強國，非止免除衰弱之痛苦，且能自衛而衛人。蓋練武者則身健，身健則魄力雄、意志強，魄力雄、意志強則天下凡百事業不難為也。

民國二十三歲次甲戌夏正，太谷董秀升序於並垣之養性軒

【注釋】

①秀升：董俊（一八八二—一九三九年），字秀升，山西省太谷縣董村人。幼時在本鄉從其父及拳師多人，學練當地傳統拳械和形意拳，尚屬啓蒙。及長，外出學藝，多處投師，藝業漸臻精美，在省外尤負盛名。離晉後，先從學於

耿繼善先生，繼於一九一四年住天津「中華武士會」，求學於前輩李存義、張占魁。一九一八年返里，師事宋虎臣先生。此後，受山西國民教育館和山西國術促進會之聘，兼任國術教師。民國十四年（一九二五年），撰成《少林五行柔術譜》，民國二十三年（一九三四年），編成《岳氏意拳五行精義》《岳氏意拳十二形精義》兩冊。

董雖在多處兼任國術教師，從學者衆多，但執帖弟子僅數人。入室弟子有李錦文、商長鎖、李桂昌、劉毅、申秉廉、苗玉林、王乃一等。

②岳氏六合意拳：即形意拳。古譜相傳，形意拳創始自宋朝民族英雄岳飛，元明二代因無書籍，幾乎失傳。明末清初之際，山西蒲東諸馮人姬際可，武藝超群，訪名師於終南山，得岳武穆（岳飛）拳譜，後傳曹繼武，曹傳戴龍邦，戴傳李洛能，至清末民初形意拳成為中國影響最大、普及最廣的拳種之一。

③少林五行：亦稱「少林五形」，清朝中葉的福建少林寺內的拳種之一。在少林寺武藝的始創時期，只有五形拳，即龍、蛇、虎、豹、鶴，後人又發展為十

形拳。五形拳是少林俗家弟子苗顯及五枚大師所創。

一九二五年，董秀升撰《少林五行柔術譜》一書，介紹南少林五行柔術底功，包括五掌（托、推、雲、撻、摩）、五拳（龍、蛇、虎、豹、鶴）、五功（臥牛功、麻辮功、木球功、木板功、吊袋功）、四十二種基本動作（提牛勢、捉牛勢、望月勢等），還有五趟相手法對擊套路等。練時禪拳一體，內外兼修，別具風格。

④八卦：即八卦掌，又稱遊身八卦掌、八卦連環掌，是一種以掌法變換和行步走轉為主的中國傳統拳術。清朝末年，河北文安人董海川在江南遊歷時，得到道家修煉的啓示，結合武術加以整理，創立了八卦掌。由於其運動方向縱橫交錯，分為四正四隅八個方位，與「周易」八卦圖中的卦象相似，故名八卦掌。八卦掌首先在北京一帶流傳，後遍及全國，並傳播到國外。

⑤太極：即太極拳，是以中國傳統儒、道哲學中的太極、陰陽辨證理念為核心思想，集頤養性情、強身健體、技擊對抗等多種功能為一體，結合易學的陰

陽五行之變化、中醫經絡學、古代的導引術和吐納術形成的一種內外兼修、柔和、緩慢、輕靈、剛柔相濟的漢族傳統拳術。傳統太極拳門派衆多，常見的太極拳流派有楊式、陳式、武式、吳式、孫式、和式等派別，各派既有傳承關係，相互借鑒，也各有自己的特點，是當今中國影響最大的傳統拳術。

⑥公立拳：也稱「弓力拳」「公議拳」。據考證為山西省榆次市東陽鎮人趙蓮所創。趙蓮（一六五七—一七四八年），字晉聘。從小喜文善武。曾官居湖北省江陵縣正堂，花甲之後回歸故里，精研拳法，集諸家之長，創弓力拳。由於受「家傳不外」的約束，弓力拳的發展受到一定限制，至第四代趙大根為給其子伴學才傳給同村人安晉源。清光緒年間，安晉源在河北張家口開設「三合鏢局」，廣交武林好手，此拳才得以廣泛傳播。

⑦羅漢拳：南拳之一。此拳象形取義，取十八羅漢之姿，故稱羅漢拳。羅漢拳在福建流傳久遠，拳系有別，但風格特點大同小異，應視為流傳沿革中之變異。影響較大的有五支：一是清道光初年，一位法號為空因的行腳僧傳羅漢拳於

泉州開元寺；二是一九三三年，閩贛交界九蓮山遊方和尚一清大師傳羅漢拳於漳州南山寺；三是永泰縣方廣岩寶空和尚傳拳於謝寶匡；四是清乾隆時，少林武僧智遠傳拳於福州「慶香林」香火店；五是清朝末年，廣袖法師傳拳於俗家恩公。以上五支均傳承至今。

⑧宋氏之內功、納卦、神運、地龍拳等經：原文誤作「地龍拳」，衍一字，當為「地龍」。《內功眞傳》又名《內功四經》，由《內功經》《納掛經》《神運經》《地龍經》四篇文章組成，作者、成書年代均不詳。清代琅琊人王南溪整理注釋並傳於世。後此書傳入形意門中，而促成宋氏形意之名震武林，所謂書因拳顯、名因人重，《內功四經》至此才眞正成了「內功聖經」。

⑨受：原文誤作「受」，據文義當為「授」。

⑩營營：忙碌。

⑪寒熱表裡：中醫術語，係八綱辨證（指陰陽、表裡、寒熱、虛實八類證候，為中醫辨證學的基本綱領）的具體內容之一。八綱辨證的特點在於把握疾病

發生發展過程的整體性、確定性與相關性。

⑫斤斤：明察。

⑬補瀉溫涼：中醫術語。「補瀉」是針對虛實病情起作用的兩種藥性。「寒、熱、溫、涼」，四種藥性，古時也稱四氣。

⑭伏義：古代傳說中中華民族人文始祖，是中國古籍中記載的最早的王，是中國醫藥鼻祖之一。相傳伏義人首蛇身，與女媧兄妹相婚，生兒育女。他根據天地萬物的變化，發明創造了占卜八卦，創造了文字。

⑮肄：音一丶，學習。

⑯靚：原文誤作「靚」，據文義當為「覯」。覯，音ㄍㄡ丶，遇見，看見。

⑰柔術：日本柔術是一種古老的日本武術，在日本廣義的柔術是指徒手的武術，其中心精神是避免對方的攻擊，轉而制服敵人，即「以柔克剛」之術。據說柔術起源於古代戰場上的廝殺，最初是類似相撲的二人插手合抱的較力，後來隨著技術發展，出現擰手腕、反關節、倒身摔等。柔術有許多不同的流派，各種

流派各自有著不同的技巧。現代的柔道和合氣道均演變自柔術。

⑱褊狹：狹小，狹隘。褊，音ㄅㄧㄢˇ。

⑲語焉而不詳：雖然提到了，但說得不詳細。

⑳資生：有助於國計民生。

㉑武社會：原文誤作「武社會」，據文義當為「武士會」，即中華武士會。

㉒《岳氏意拳精義》：形意古拳譜。一九一四年，李存義授董秀升該書。據此，董秀升「細為修正，編分上下兩冊，付諸石印」，即成《岳氏意拳五行精義》《岳氏意拳十二形精義》。但從董秀升著述內容看，多係《武術研究社成績錄》（一九一八年）所編。《岳氏意拳精義》與《武術研究社成績錄》兩書之淵源有待進一步考證。（《武術研究社成績錄》為保定軍官學校刊行的武術教材，以下簡稱保定本）

㉓曹繼武：名曰瑋，字繼武。清康熙年間安徽貴池人。形意拳史載：曹繼武，心意六合拳始祖姬際可弟子，曾傳拳於戴龍邦，為形意拳發展史上的重要人物。

岳氏意拳五行精義

目錄

上編

意拳總論

第一章　不動姿勢

第二章　意拳養氣學

中編

意拳原理

第一章　五行拳

第二章　五行生尅

第三章　進退連環拳

下編

第一章　岳武穆九要論

第二章　練習

岳氏意拳五行精義　目錄

上編

意拳總論

意拳者。拳之內家者也。用合天地。化生萬物之形。體本五行。循環生克之意。蓋天地之初。混混沌沌。茫然大氣。既無歸宿之可指。復無界限之可言。遠歲月爐遞。畧就範圍。漸成一氣。繼則輕清上浮。重濁下降。陰陽剖判。陰陽再合。遂成三體。於是五行循環。化生萬物。此天地進化之大概也。夫人身配天而生者也。其於養生之術。運動之道。須準天地進化之自然。而潛心順修。復按五行生克之意。而動靜不乖。尤復旁參萬物之變。而交推互證。庶幾攬陰陽。奪造化。生生不息。幻變無窮。此意拳之妙用。抑亦養生不可須臾離者也。若形意之拳。靜原渾虛。動充四體。翩若驚鴻。婉若游龍。斂而不局。放而不肆。約而不迫。張而不疏。神恬而不涉於寂。體靜而不沈於枯。還精於週身。清神以積中。祛欲啟蔽。長年益壽。神完而氣定捍。邪侵而避物戕。是超藝而進於道者也。至應變無方。接物無形。不虛不妄。不倚不慫。動如風雲。聲呼如雷霆。出入、如鬼電。重如山隤。輕如風拂。攻堅殺敵。毫不經意者。尤其末焉者耳。

第一章　不動姿勢

凡事有動必有靜。動者靜之效。靜者動之儲也。含動言靜。其失也枯。離靜言動。其失也朽然。靜為動之源。而運動者。尤必先致力於靜。如是則氣內充。而力外裕矣。意拳者以氣行而不動姿勢。實為入門初步。建本清源之道。學者應三致意焉。

第一節　無極勢

兩足跟併齊、兩足尖分度約九十、兩臂切身下垂、此時當無思無欲、無形無像、無物無我、一氣渾淪、無所向意、順天地之自然、茫若扁舟泛巨海、靜若木雞植中庭、是之謂無極、

○第二節　虛無含一勢

由無極勢半面向左、左足在前、靠右足脛骨、兩足尖分約四十五度、兩臂緊垂、腕曲掌摺、舌頂上腭、肛門上提、將渾淪之氣畧加收聚、是謂虛無含一氣、亦即吾人先天真一之氣、而為形意拳之內勁、

○第三節　太極勢

由前勢左足跟靠右足脛骨、足尖分四十五度、兩足跟向外扭

勁、足尖抓地、兩腿徐直下灣、約百二十度、兩胯平均扣勁、腰挺直、兩肩扣垂、兩肘緊抱兩脇、兩手抱心、左手在下、右手在上、左手食指前伸平直、右手中指亦前伸平直、兩指疊合、頸直豎、頭上頂、身不可前俯後仰、不可左右歪斜、眼突、舌捲、氣降心中平定、不可努氣、心與意合、意與氣合、氣與力合、心意誠於中、而肢體動於外、一氣流行、是謂太極、

○第四節　兩儀勢

由太極勢左足前進二尺許、足尖直前、右足不動、足尖向右約三十度、左足踵直、右足腿骨成大人字形、同時左手前伸、右手退後、左手伸至極端、高與口齊、右手虎口內向、與臍接、而小指

外翻、腕曲掌揭、手足齊落。左臂似曲非曲、似直非直、微向上內彎、由腕至肘水平。右臂彎曲如新月、肘意內抱、手指均須離開、稍圓曲、如爪如鉤、切忌局彎著力。左手大指橫平、食指前伸、餘指及腕掌如右手。兩目注視虎口缺形、兩肩兩胯皆均力垂扣、兩肘力垂、兩膝挺扣、兩足跟力向外扭、是謂肩與胯合、肘與膝合、手與足合。此時上身正直、不可俯仰、心氣平靜、不可助長、身則看陽而有陰、看陰而有陽、氣則呼出為陽、吸入為陰、清氣上升為陽、濁氣下降為陰、誠於內者為陰、形於外者為陽、呼吸上下內外三者、以象陰陽、故謂之兩儀、

○第五節　三體勢

由兩儀呼吸相應。上下相貫。內外如一。謂之陰陽相合。陰陽相合。而三體生焉。三體者、天地人三才之象也。在人為頭手足。頭以象天。手以象人。足以象地。取其聰明睿智。才力氣魄廣大精奇。足以相配也。夫天地間形形色色。大哲學家未能盡知。事事物物。大博物家未能悉辨。然以歸納法括之。均不外天地之化生。人工之製造也。換言之。意拳之精微奧妙。大拳師未必盡其能。生克變化。大方家未能盡其用。然以歸納法括之。均不外頭、手、足、之伸縮運動也。故欲知天地間之物。盡意拳之妙。先致力於三體。庶幾得其要矣。三體為意拳之基礎。如樑棟之立正。凡百運動皆基於此。故分條詳論於左。

○第一條　三節

全身分為三節。頭為上節。身為中節。股為下節。各節復分三節。以頭言之。天庭為上節。鼻為中節。海底為下節。以身言之。胸為上節。腹為中節。丹田為下節。以股言之。足為梢節。膝為中節。胯為根節。以肱言之。手為梢節。肘為中節。肩為根節。以手言之。指為梢節。掌為中節。掌根為根節。三節既明。而內勁發動之脈絡。即可知矣。蓋指之力源於掌。掌之力源於掌根。故掌根推掌。掌推指。而勁乃出。手之力源於肘。肘之力源於肩。故肩推肘。肘推手。而勁乃行。足之力源於膝。膝之力源於胯。故胯推膝。膝推足。而勁乃通。然肩胯之勁源於身。身之勁源於丹田。為內勁之總源也。

○第二條　四梢

血、肉、筋、骨、之末端曰梢。髮為血梢。舌為肉梢。指為筋梢。牙為骨梢。四梢用力。則常態猝變。令人生畏。

一血梢　怒氣填胸。豎髮衝冠。血輪速轉。敵膽自寒。毛髮雖微。摧敵何難。

二肉梢　舌捲氣降。雖山亦撼。肉堅比鐵。心神勇敢。一舌之威。落魄喪膽。

三筋梢　虎威鷹猛。以指為鋒。手攫足踢。氣力兼雄。指之所到。皆可奏功。

四骨梢　有勇在骨。切齒則發。敵肉可食。眥裂目突。惟牙之功。令人恍惚。

○第三條　八字訣

四揹之外又有八字。三體一站。八字具備。皆所以蓄力養氣。使敵我者失所措也。八字之名稱。一曰頂。二曰扣。三曰圓。四曰毒。五曰抱。六曰垂。七曰曲。八曰挺。而八字又各有三事。共二十四事也。分述於左。

一、三頂　頭上頂。有衝天之雄。手外頂。有推山之功。舌上頂有吼獅吞象之容。是謂三頂

二、三扣　肩扣。則氣力到肘。掌扣。則氣力到手。手足指扣。則周身力厚。是謂三扣

三、三圓　脊背圓。則力推身前。胸圓。則兩肱力全。虎口圓。則勇猛外宣。是謂三圓

四、三毒　心毒。如怒狸攫鼠。眼毒。如覷兔之饑鷹。手毒。如捕羊之餓虎。是謂三毒

五、三抱　丹田抱氣。氣不外散。膽量抱身。臨敵不變。兩肘抱肋。出入不亂。是謂三抱

六、三垂　氣垂。則氣降丹田。肩垂。則力摧肘前。肘垂。則兩腕撐圓。是謂三垂

七、三曲　兩肱宜曲。曲則力富。兩股宜曲。曲則力湊。兩腕宜曲。曲則力厚。是謂三曲

八、三挺　挺頸。則精氣貫頂。挺腰。則力達全身。挺膝。則腿堅馬穩。是謂三挺

○第四條　九歌

九歌者。乃三體之九事。分條研究。以資熟練也。其九事即身、肩、肱、手、指、股、足、舌、肛門、是也。分列於左。

一身　前俯後仰。其勢不勁。左側右歃。皆身之病。正而似斜。斜而似正。

二肩　頭欲上頂。肩須下垂。左肩成抝。右肩自隨。身力到手。肩之所為。

三肱　左肱前伸。右肱在肋。似曲不曲。似直不直。曲則不遠。直則少力。

四手　右手在臍。左手齊心。後者勁搦。前者力伸。兩手皆覆。用力宜均。

五指　五指各分。其形似鉤。虎口圓開。似剛似柔。力須到指。不可強求。

六股　左股在前。右股後撐。似直不直。似弓不弓。雖有支絀。每見雞形。

七足　左足直出。歃側皆病。右足勢斜。前踵對脛。二尺距離。足指扣定。

八舌　舌為肉梢。捲則氣降。目張髮豎。丹田愈壯。肌肉如鐵。內堅腑臟。

九肛　提起肛門。氣貫四梢。兩股繚繞。臀部內交。低則勢散。故宜稍高。（此一節自三體勢至此。為意拳之格式。格式者、入門一定之規也。無論五行十二形。皆以此為主。）

○第二章　意拳養氣學

氣者。勇之實也。養氣即所以養勇。黝舍之流。不膚撓。不目逃。視不勝猶勝。刺王侯若刺褐夫。視三軍如無物。蓋習養有素。氣充乎四體。而溢乎其外。見乎其勇。而不自知也。然此特氣之粗者。抑猶有其精者存焉。至大至剛。配義道而無餒。塞天地。溢四海。故孟軻養之以成賢。文天祥守之以遂忠。蓋磅礴凜烈。是氣常

存足以助精魄。強神明。不隨生死而變滅。此所謂大勇者。甯可與物含同論哉。大粗者。魄氣也。精者魂氣也。魄氣生於體。魂氣生於天。魂氣清明而富於仁。魄氣強橫而偏於貪。神人不以體魄用事。故養魂而棄魄。愚夫祗知有身。故養魄而去魂。聖賢重魂輕魄。故以魂制魄。勇士重魄輕魂。故以魄制魂。此養氣之大別也。形意之養魂氣乎。魄氣乎。抑魂制魄。或魄制魂乎。曰。此皆非形意養氣之道也。形意以身體為運動。固不能舍魄以養魂。然其養生之術。須準天地進化之序。生克變化之方。必按五行循環之意。化生萬物之形。苟舍魂以養魄。復不能盡形意之能事也。然則何為而後可。曰。魂氣靈明。形意之生克變化。賴以神其用者也。魄氣渾厚。形意之實內充外。賴以壯其動者也。輕魂則變化不靈。輕魄則實力不厚。必魂魄並重。乃盡形意養氣之要功也。

○第一節　意拳養氣之必要

或曰身體之伸縮也。四肢之變化也。端賴乎筋肉骨血。而五臟之主動於內者。似與氣無涉。曰是不然。人得五臟以成形。復由五臟而生氣。五臟之於人。猶輪船之汽房火車之鍋爐運動變化。固賴乎此。然無蒸氣以促動之。則機關雖靈。終無以善其用氣之於人猶是也。故五臟之動。賴乎氣。氣之強弱虛實。可使人壯老勇怯。況形意為內家運動之一。而變化靈捷。實力充厚。非魂魄並養。不為功。使非培而裕之。擴而充之。又何足供吾人無量之用哉。

○第二節　意拳養氣之功用

氣始生於一。終分為二。即魂魄也。陰陽也。魂氣屬陽。靈明輕清。可虛實剛柔。循環變化。神乎神乎。至於無形。微乎微乎。至於無聲。此陽氣之妙用也。魄氣屬陰。渾厚重濁。可堅強猛烈。不撓不逃。雄魄毅分。可摧壁氣剛大之而拔山。此陰氣之妙用也。武術專家。技臻絕頂者。其攻人也。無跡可尋。雖個人廣衆。十目共睹。莫能見其手之所至。足之所履。身之所止。謂為玄無。乃魂氣充有以致之也。其被攻也。手觸其身。如金城。足衝其股。如鐵柱。當之者。頹狼狽却退。乃魄氣厚有以成之也。昔武穆用兵。先謀後動。其動也。靈妙變化。飄忽猛烈。莫可推測。其靜也。嚴整莊重。如山岳堅實。莫可撼移。兵家謂不動如山岳。難知如陰陽。非魂魄二氣修養有素。何克臻此。故武術之精者。必精於氣。精於氣者。必精於兵。養氣之道。何可忽乎哉。

○第三節　意拳養氣之法則

形意之講養氣者多矣。或胎中努力。或腹內運氣。是皆不明本根而特齊其末。如告子之不動心者。雖直捷而易為。終無補於實際。夫根本者。何也。曰循理集義。明三節。講四梢。練八字。熟九歌。是也。蓋氣分魂魄(陰陽)魂氣生於天。根於義理。魄氣生於五臟。根於四事。如水之有源。木之有本。清源而水流。培本而木茂。自然之理也。若夫孟賁穿窬。童子不支。夏育為盜。懦夫不抗。是乃背理喪義。魂氣全失。而猛怯資殊也。江湖無賴。弄姿擺勢。然每被擊於粗漢。世俗拳師。旋舞跳躍。然每被撲於傖父。備四事修明。魄氣堅實。何至於此。故形意之善養氣者。非理無動。非義無往。自反而合理。雖萬人無懼。自反而非義。雖褐夫亦懼。動必以理。趨必以義。而魂氣自盛矣。舉措動靜。必合四事。三節不合弗措也。四梢不明弗措也。八字九歌未熟練弗措也。人一已百。

人十己千。如是而謂魄氣不強者。未之有也。然必有事焉。勿助勿忘。過用心則助。助則暴而氣亂矣。不用心則忘。忘則蕩而氣散矣。果明此義。則內家要術舉盡乎斯。又豈獨形意哉。

上編

意拳總論

意拳者，拳之內家①者也。用合天地，化生萬物之形。體本五行，循環生克之意。蓋天地之初，混混沌沌，茫然大氣，既無歸宿之可指，復無界限之可言。逮②歲月嬗遞③，略就範圍，漸成一氣，繼則輕清上浮，重濁下降，陰陽④剖判，陰陽再合，遂成三體，於是五行循環，化生萬物。此天地進化之大概也。夫人身配天而生者也，其於養生之術，運動之道，須準天地進化之自然。而潛心順修，復按五行生克之意，而動靜不乖⑤，尤復旁參萬物之變，而交推互證，庶幾⑥攬陰陽、奪造化，生生不息，幻變無窮，此意拳之妙用，抑亦養生不可須臾⑦離者也。

若形意之拳，靜原渾虛，動充四體，翩若驚鴻，婉若游龍，斂而不局，放而不肆，約而不迫，張而不疏，神恬而不涉於寂，體靜而不沉於枯，還精於週身⑧，清神以積中，祛欲啟蔽，長年益壽，神完而氣定捍⑨，邪侵而避物穢，是超藝而進於道者也。至應變無方，接物無形，不虛不妄，不餒⑩不葸⑪，鬱勃如風雲，聲呼如雷霆，出入如鬼電，重如山隤⑫，輕如風掃，攻堅殺敵，毫不經意者，尤其末焉者耳。

【注釋】

①內家：即內家拳，武術拳種之一。據傳內家拳為明人張三豐所創。此說法始見於明末清初人黃宗義（一六一〇——一六九五年）創作的《王征南墓誌銘》。雍正年間的曹秉仁在《寧波府志》中又以《王征南墓誌銘》為史實，重敘張三豐創內家拳之說。十六世紀中葉，內家拳盛行於浙江一帶，陳州同、張松溪為當時的名家。

據黃百家《內家拳法》所述，此拳有應敵打法、穴法、練手三十五、練步十八、七十二跌、卅五拿等。自黃百家後，內家拳漸趨沒落。後人將形意拳、八卦掌、太極拳等歸於內家拳，把少林拳歸為外家拳。

②逮：到，及。

③嬗遞：演變，更替。嬗，音ㄕㄢˋ。

④陰陽：陰陽學說是中華古哲學的重要概念之一。古人透過對「近取諸身、遠取諸物」的研究，總結歸納出陰和陽是宇宙中萬物的最基本屬性。世界萬

物的生成、發展，無一不是陰陽擊搏、變化的結果。《內經・陰陽應象大論》中說：「陰陽者，天地之道也，萬物之綱紀，變化之父母，殺生之本始，神明之府也。」古人運用陰陽學說，造就了許多燦爛的中華文明，其中就包括中華武術。

⑤乖：指背離、違背、不和諧。

⑥庶幾：連詞。前面先說明某種情況或條件，以「庶幾」連下句，說出後果，含「才能、以便」的意思。

⑦須臾：極短的時間，片刻。

⑧還精於週身：精，中醫學「精、氣、血、津液」學說中「精」的概念，濫觴於中國古代哲學一元論中的「精氣說」。

在「氣」的概念的演變過程中，以《管子》為代表，將「氣」的範疇規定為精、精氣，提出了「精氣說」，認為「精氣」是最細微而能變化的「氣」，是最細微的物質存在，是世界的本原，是生命的來源。還精於週身，指身體中充滿了凝聚著天地精華的能量。

⑨神完而氣定捍：神完，精神飽滿。氣，元氣。捍，同「悍」，勇猛、強勁之意。神完而氣定捍，指精神飽滿，元氣充足、穩定、強勁。

⑩餒：音ㄋㄟˇ，沒有勇氣。

⑪葸：音ㄒㄧˇ，畏懼的樣子。

⑫隤：音ㄊㄨㄟˊ，垮塌、崩頽、墜下。

第一章　不動姿勢

凡事有動必有靜，動者靜之效，靜者動之儲也。舍動言靜，其失也枯；離靜言動，其失也杮①。然靜為動之源，而運動者，尤必先致力於靜，如是則氣內充，而力外裕矣。意拳者，以氣行而不動姿勢，實為入門初步，建本清源之道，學者應三致意焉。

第一節　無極②勢

兩足跟併齊，兩足尖分度約九十，兩臂切身下垂。此時當無思無欲、無形無像、無物無我，一氣渾淪，無所向意，順天地之自然，茫若扁舟泛巨海，靜

若木雞植中庭。是之謂無極。（圖一）

第二節　虛無含一③勢

由無極勢半面向左，左足在前，靠右足脛骨，兩足尖分約四十五度；兩臂緊垂，腕曲掌摺，舌頂上齶，肛門上提，將渾淪之氣略加收聚。是謂虛無含一氣，亦即吾人先天真一之氣，而為形意拳之內勁。（圖二）

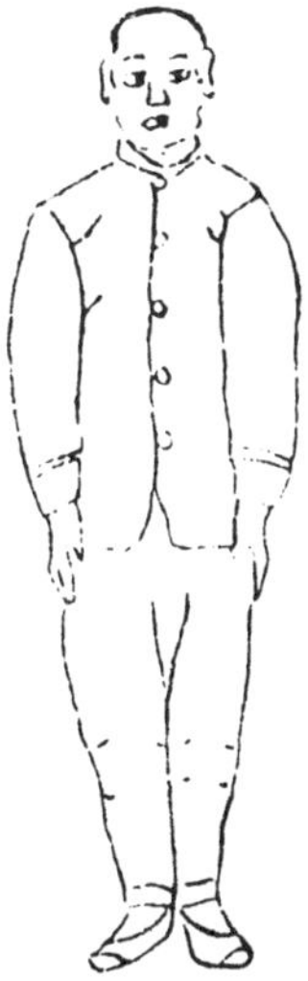

圖1　無極勢圖

圖2　虛無含一勢圖

【注釋】

①枵：音ㄒㄧㄠ，空虛。

②無極：在中國古代哲學範疇上，無極指派生萬物的本體。語出《老子》。無極即道，是比太極更加原始更加終極的狀態。莊子在《逍遙遊》中說：「無極之外，復無極也。」意思是世界無邊無際，無窮之外，還是無窮。無極便是無窮。

漢代的河上公《老子章句》認為，復歸無極就是長生久視。依道門觀念，與道相合，才能長生久視，因此將無極解釋成道，或者解釋成長生久視，是一致的。道家從宇宙演化的角度使用無極一詞，常與太極對舉，指比天地未闢更加古老、更加終極的混沌階段。這一階段，就是道。因此，無極是太極的根源。道家追求與道合一，與道合眞，追求返回到元初的終極狀態，這就叫作復歸無極。

③虛無含一：孫祿堂《形意拳學》：「虛無者，是也；合一氣者，是也。虛無生一氣者，是逆運先天眞一之氣也。但此氣不是死的便是活的，其中有一點生機藏焉。此機名曰先天眞一之氣，為人性命之根，造化之源，生死之本，形意拳之基礎也。將動而未動之時，心內空空洞洞，一氣渾然，形跡未露，其理已

具，故其形象太極一氣也。」

先天一氣，又稱先天眞一之氣、先天眞氣、太乙含眞氣，道教內丹學專有名詞。其意為在天地生成之前的一氣，是天地萬物的本根母體。道教丹道的先天一氣說，淵源甚早，可追溯於《老子想爾》關於道氣的論述，是蜀地獨有的丹道理論。先天一氣說得五代彭曉發揚光大，後被張伯端《悟眞篇》、翁葆光《悟眞篇注釋》、趙友欽《仙佛同源》、陳致虛《金丹大要》等丹家、丹經所繼承和發展，為丹道正宗學說。

第三節　太極①勢

由前勢左足跟靠右足脛骨，足尖分四十五度，兩足跟向外扭勁，足尖抓地；兩腿徐直下灣②，約百二十度；兩胯平均扣勁，腰挺直；兩肩扣垂，兩肘緊抱兩脅，兩手抱心；左手在下，右手在上，左手食指前伸平直，右手中指亦前伸平直，兩指疊合；頸直豎，頭上頂。身不可前俯後仰，不可左右歪斜；眼突舌捲氣降，心中平定，不可努氣，心與意合，意與氣合，氣與力合③，心意誠於中，而肢體勁於外，一氣流行。是謂太極。（圖三）

圖3　太極勢圖

【注釋】

①太極：道家哲學概念。始見於《易》：「易有太極，始生兩儀，兩儀生四象，四象生八卦。」孔穎達疏：「太極謂天地未分之前，元氣混而為一，即是太初、太一也。」宋代理學家則認為「太極」即是「理」。《朱子語類》卷七五：「太極只是一個渾淪底道理，裡面包含陰陽、剛柔、奇偶，無所不有。」

清朝王夫之《張子正蒙注・太和》：「道者，天地人物之通理，即所謂太極也。」「太極」這一概念影響了儒學、道教等中華文化流派。《易緯·乾鑿度》和《列子》有「太易、太始、太初、太素、太極」宇宙五階段的說法。宋儒周敦頤在《太極圖說》開篇就說：「無極而太極。」這給《老子》中提到的「無極」一詞注入了理學含義，也就把「無極」的概念與「太極」聯繫在一起。

清代乾隆年間太醫院彙編的《醫宗金鑒》則採用了五階段說法：「無極太虛氣中理，太極太虛理中氣。乘氣動靜生陰陽，陰陽之分為天地。未有宇宙氣生形，已有宇宙形寓氣。從形究氣曰陰陽，即氣觀理曰太極。」

《繫辭》又說：「兩儀生四象，四象生八卦。」其意指浩瀚宇宙間的一切事物和現象都包含著陰和陽，以及表與裡的兩面。而它們之間存在著既互相對立鬥爭又相互滋生依存的關係，這即是物質世界的一般規律，是眾多事物的綱領和由來，也是事物產生與毀滅的根由所在。

天地之道，以陰陽二氣造化萬物。天地、日月、雷電、風雨、四時、子前午後，以及雄雌、剛柔、動靜、顯斂，萬事萬物，莫不分陰陽。人生之理，以陰陽二氣長養百骸。經絡、骨肉、腹背、五臟、六腑，乃至七損八益，一身之內，莫不合陰陽之理。「太」有「至」的意思，「極」有「極限」之義，就是「至於極限，無有相匹」之意，既包括了至極之理，也包括了至大至小的時空極限，放之則彌六合，卷之退藏於心。可以大於任意量而不能超越圓周和空間，也可以小於任意量而不等於零或無。以上是「太極」二字的含義。

②灣：灣，古同「彎」。後同。

③心與意合……氣與力合：即「內三合」，是內家拳重要的理論之一。

第四節 兩儀①勢

由太極勢左足前進二尺許，足尖直前，右足不動，足尖向右約三十度，左足踵直，右足脛骨成大人字形；同時左手前伸，右手退後，左手伸至極端，高與口齊，右手虎口內向，與臍接，而小指外翻，腕曲掌搨，手足齊落。

左臂似曲非曲，似直非直，微向上內彎，由腕至肘水平。右臂彎曲如新月，肘意內抱。手指均須離開，稍圓曲，如爪如鈎，切忌局彎著②力。左手大指橫平，食指前伸，餘指及腕掌如右手。兩目注視虎口抉形③，兩肩兩胯皆均力垂扣，兩肘力垂，兩膝挺扣，兩足跟力向外扭，是謂肩與胯合，肘與膝合，手與足合④。

此時上身正直，不可俯仰；心氣平靜，不可助長。身則看陽而有陰，看陰而有陽。氣則呼出為陽，吸入為陰。清氣上升為陽，濁氣下降為陰。誠於內者為陰，形於外者為陽。呼吸上下內外三者，以象陰陽，故謂之兩儀。（圖四）

圖4　兩儀勢圖

【注釋】

①兩儀：屬於中國古代哲學範疇。最早出自《周易・繫辭上》：「易有太

極，是生兩儀。」孔穎達疏：「不言天地而言兩儀者，指其物體；下與四象（金、木、水、火）相對，故曰兩儀，謂兩體容儀也。」係指天地。近代武術家借用此詞引申到拳法中。

②著：古同「着」。後不另注。

③玦形：玦，音ㄐㄩㄝˊ，半環形有缺口的佩玉。玦形，這裡指食指與拇指撐開後虎口處形成的弧彎。

④肩與胯合……手與足合：即「外三合」，是內家拳重要的理論之一。「內三合」與「外三合」合稱「六合」。

第五節　三體①勢

由兩儀呼吸相應，上下相貫，內外如一，謂之陰陽相合。陰陽相合，而三體生焉。三體者，天地人三才之象也。在人為頭手足，頭以象天，手以象人，足以象地，取其聰明睿智，才力氣魄廣大精奇，足以相配也。

夫天地間形形色色，大哲學家未能盡知；事事物物，大博物家未能悉辨。然以歸納法括之，均不外天地之化生，人工之製造也。換言之，意拳之精微奧妙，大拳師未必盡其能；生剋變化，大方家未能盡其用。然以歸納法括之，均不外頭手足之伸縮運動也。故欲知天地間之物，盡意拳之妙，先致力於三體，庶幾得其要矣。三體為意拳之基礎，如操練之立正，凡百運動皆基於此，故分條詳論於左。（圖五）

圖5　三體勢圖

第一條　三　節

全身分為三節，頭為上節，身為中節，股為下節。各節復分三節，以頭言之，天庭為上節，鼻為中節，海底為下節；以身言之，胸為上節，腹為中節，丹田②為下節；以股言之，足為梢節，膝為中節，胯為根節；以肱言之，手為梢節，肘為中節，肩為根節；以手言之，指為梢節，掌為中節，掌根為根節。三節既明，而內勁發動之脈絡，即可知矣。

蓋指之力源於掌，掌之力源於掌根，故掌根摧③掌，掌摧指，而勁乃出。手之力源於肘，肘之力源於肩，故肩摧肘，肘摧手，而勁乃行。足之力源於膝，膝之力源於胯，故胯摧膝，膝摧足，而勁乃通。然肩胯之勁源於身，身之勁源於丹田，為內勁之總源也。

【注釋】

①三體：指人之上、中、下部位。所謂「三才」是指「天地人」，也指「上、中、下部分」。三體勢是形意拳起勢的開端。曹志清言：形意樁功是由無極入靜，虛無含一氣漸生，由太極而充盈，由兩儀而循行（謂小周天），由三體

而貫通（謂大周天）。

②丹田：重要部位，指人體臍下一寸半或三寸的地方，也稱下丹田。古人視丹田為貯藏精氣神的所在，因此很重視丹田，把它看作是「性命之根本」「十二經之根」「陰陽之會」，是眞氣升降開合的樞紐，是彙集、烹煉、儲存眞氣的重要部位。練功時，除特殊情況外，一般所說意守丹田，就是指意守下丹田。

③摧：原文誤作「摧」，係「催」之誤。後同。

第二條　四　梢

血肉筋骨之末端曰梢，髮為血梢，舌為肉梢，指為筋梢，牙為骨梢。四梢用力，則常態猝變，令人生畏。

一、血梢

怒氣填胸，豎髮衝冠，血輪速轉，敵膽自寒，毛髮雖微，摧敵何難。

二、肉梢

舌捲氣降，雖山亦撼，肉堅比鐵，心神勇敢，一舌之威，落魄喪膽。

三、筋梢

虎威鷹猛，以指為鋒，手攫足踏，氣力兼雄，指之所到，皆可奏功。

四、骨梢

有勇在骨，切齒則發，敵肉可食，眥裂目突，惟牙之功，令人恍惚。

第三條　八字訣

四梢之外，又有八字。三體一站，八字具備，皆所以蓄力養氣，使敵我者失所措也。八字之名稱：一曰頂；二曰扣；三曰圓；四曰毒；五曰抱；六曰垂；七曰曲；八曰挺。而八字又各有三事，共二十四事也。分述於左。

一、三頂

頭上頂，有衝天之雄；手外頂，有推山之功；舌上頂，有吼獅吞象之容。

是謂三頂。

二、三扣

肩扣，則氣力到肘；掌扣，則氣力到手；手足指扣，則周身力厚。是謂三扣。

三、三圓

脊背圓，則力摧身前；胸圓，則兩肱力全；虎口圓，則勇猛外宣。是謂三圓。

四、三毒

心毒，如怒狸攫鼠；眼毒，如覷兔之饑鷹；手毒，如捕羊之餓虎。是謂三毒。

五、三抱

丹田抱氣，氣不外散；膽量抱身，臨敵不變；兩肘抱肋，出入不亂。是謂三抱。

六、三垂

氣垂，則氣降丹田；肩垂，則力摧肘前；肘垂，則兩腕撐圓。是謂三垂。

七、三曲

兩肱宜曲，曲則力富；兩股宜曲，曲則力湊；兩腕宜曲，曲則力厚。是謂三曲。

八、三挺

挺頸，則精氣貫頂；挺腰，則力達全身；挺膝，則腿堅馬穩。是謂三挺。

第四條　九　歌

九歌者，乃三體之九事，分條研究，以資熟練也。其九事即身、肩、肱、手、指、股、足、舌、肛門是也。分列於左。

一、身

前俯後仰，其勢不勁。左側右欹，皆身之病。正而似斜，斜而似正。

二、肩

頭欲上頂，肩須下垂。左肩成拗，右肩自隨。身力到手，肩之所為。

三、肱

左肱前伸，右肱在肋。似曲不曲，似直不直。曲則不遠，直則少力。

四、手

右手在臍，左手齊心。後者勁揭，前者力伸。兩手皆覆，用力宜均。

五、指

五指各分，其形似鈎。虎口圓開，似剛似柔。力須到指，不可強求。

六、股

左股在前，右股後撐。似直不直，似弓不弓。雖有支絀，每見雞形。

七、足

左足直出，欹側皆病。右足勢斜，前踵對脛。二尺距離，足指扣定。

八、舌

舌為肉梢，捲則氣降。目張髮豎，丹田愈壯。肌肉如鐵，內堅腑臟。

九、肛

提起肛門，氣貫四梢。兩腿繚繞，臀部肉交。低則勢散，故宜稍高。

此一節自三體勢至此，為意拳之格式。格式者，入門一定之規也。無論五行、十二形，皆以此為主。

第二章 意拳養氣學

氣者，勇之實也。養氣即所以養勇，黝舍之流，不膚撓，不目逃，視不勝猶勝，刺王侯若刺褐夫，視三軍如無物，蓋習養有素，氣充乎四體，而溢乎其外，見乎其勇，而不自知也①。

然此特氣之粗者，抑猶有其精者存焉，至大至剛，配義道而無餒，塞天地，溢四海，故孟軻養之以成賢，文天祥守之以遂忠，蓋磅礴凜冽，是氣常存，足以助精魄，強神明，不隨生死而變滅，此所謂大勇者，寧可與黝舍同論哉②？

夫粗者，魄氣也；精者，魂氣也。魄氣生於體，魂氣生於天。魂氣清明而富於仁，魄氣強橫而偏於貪。神人不以體魄用事，故養魂而棄魄；愚夫只知有身，故養魄而去魂；聖賢重魂輕魄，故以魂制魄；勇士重魄輕魂，故以魄制魂。此養氣之大別也。

形意之養魂氣乎？魄氣乎？抑魂制魄，或魄制魂乎？曰：此皆非形意養氣之道也。形意以身體為運動，故不能舍魄以養魂。然其養生之術，須準天地進化之序，生剋變化之方，必按五行循環之意，化生萬物之形，苟舍魂以養魄，復不能盡形意之能事也。然則何為而後可？曰：魂氣靈明，形意之生克變化，賴以神其用者也；魄氣渾厚，形意之實內充外，賴以壯其動者也。輕魂則變化不靈，輕魄則實力不厚。必魂魄並重，乃盡形意養氣之要功也。

【注釋】

①養氣即所以養勇……而不自知也：黝，音ㄧㄡˇ，姓北宮，名黝，戰國時期齊國人，勇士。舍，孟施捨，古勇士，生平不詳。典出《孟子》。

本句大意：養氣就是培養無所畏懼的氣概，北宮黝、孟施捨一類人，肌膚被刺不退縮，雙目被刺不轉睛，對待不能戰勝的敵人，跟對待能戰勝的敵人一樣，把行刺大國君主看得跟刺殺普通百姓一樣，視龐大的敵人軍隊如同無物，原因是此類人具有素養，身體內充滿意氣而充盈到身體外，勇氣顯現而不自知。

②然此特氣之粗者……寧可與黝舍同論哉：但是這樣的意氣很粗陋，還存在著比這高層的精神氣質，這種氣最為盛大、剛強，與道義配合而不萎縮，充塞於天地之間，傳播於四海；孟軻培養這種氣成為賢才，文天祥堅守這種氣完成忠孝；這種氣常存，磅礴凜冽，有助於精神魄力，不隨生死而變化毀滅，這就是所謂的大勇者，豈可與北宮黝、孟施捨相提並論呢？

第一節　意拳養氣之必要

或曰：身體之伸縮也，四肢之變化也，端賴乎筋肉骨血，而五臟之主動於內者，似與氣無涉。曰：是不然。人得五臟以成形，復由五臟而生氣。五臟之於人，猶輪船之汽房，火車之鍋爐，運動變化，固賴乎此。然無蒸氣以促動之，則機關雖靈，終無以善其用。

氣之於人猶是也。故五臟之動，賴乎氣，氣之強弱虛實，可使人壯老勇怯，況形意為內家運動之一，而變化靈捷，實力充厚，非魂魄並養，不為功使，非培而裕之，擴而充之，又何足供吾人無量之用哉？

第二節 意拳養氣之功用

氣始生於一，終分為二，即魂魄也，陰陽也。魂氣屬陽，靈明輕清，可虛實剛柔，循環變化。神乎神乎，至於無形，微乎微乎，至於無聲，此陽氣之妙用也；魄氣屬陰，渾厚重濁，可堅強猛烈，不撓不逃，雄魄毅兮，可摧壁，氣剛大之而拔山，此陰氣之妙用也。

武術專家，技臻絕頂者，其攻人也，無跡可尋，雖稠人廣象，千目共睹，莫能見其手之所至，足之所履，身之所止，謂為玄無，乃魂氣充有以致之也；

其被攻也，手觸其身，如金城，足衝其股，如鐵柱，當之者，頹狼狽卻退，乃魄氣厚有以成之也。

昔武穆用兵，先謀後動。其動也，靈妙變化，飄忽猛烈，莫可推測；其靜也，嚴整莊重，如山岳堅實，莫可撼移。

兵家謂不動如山岳，難知如陰陽，非魂魄二氣修養有素，何克臻此？故武術之精者，必精於氣；精於氣者，必精於兵。養氣之道，何可忽乎哉？

第三節　意拳養氣之法則

形意之講養氣者多矣，或胸中努力，或腹內運氣，是皆不明本根，而特齊其末。如告予之不動心者，雖直接而易為，終無補於實際。夫根本者，何也？曰：循理集義，明三節、講四梢、練八字、熟九歌是也。蓋氣分魂魄（陰陽），魂氣生於天，根於義理；魄氣生於五臟，根於四事。如水之有源，木之有本，清源而水流，培本而木茂，自然之理也。

若夫孟賁穿窬，童子不支；夏育為盜，懦夫不抗①。是乃背理喪義，魂氣全失，而猛怯資殊也。江湖無賴，弄姿擺勢，然每被擊於粗漢；世俗拳師，旋舞跳躍，然每被撲於傖父②。倘四事修明，魄氣堅實，何至於此。故形意之善養氣者，非理無動，非義無往。自反而合理，雖萬人無惴；自反而非義，雖褐夫亦懼。動必以理，趨必以義，而魂氣自盛矣。

舉措動靜，必合四事。三節不合弗措也，四梢不明弗措也，八字、九歌未熟練弗措也。人一已③百，人十已千，如是而謂魄氣不強者，未之有也。然必有事焉，勿助勿忘。過用心則助，助則暴而氣亂矣；不用心則忘，忘則蕩而氣散矣。果明此義，則內家要術畢盡乎斯，又豈獨形意哉！

【注釋】

①孟賁穿窬……懦夫不抗：孟賁，戰國時大力士。衛國人，一說齊國人，

與夏育、烏獲齊名。相傳他勇武有威嚴，怒時「髮直目裂」，氣勢逼人，過路涉河者莫敢爭先。夏育，戰國時著名勇士，衛國人，籍貫、字型大小均不詳。傳說他能力舉千鈞。此句的意思：如果孟賁這樣的勇士，成為打洞穿牆的小人，連一個兒童都能戰勝他；如果夏育這樣的勇士，成為盜賊，連一個最膽小怕事的人都能抵抗他。窬，音ㄩˊ。

②傖父：晉南北朝時，南人譏北人粗鄙，蔑稱之為「傖父」。後用以泛指粗俗、鄙賤之人，猶言村夫。傖，音ㄘㄤ。

③已：原文誤作「已」，據文義當為「己」。

中　編　　意拳原理

拳以意名者。以意為諸拳之母。凡百運動。皆淵源於此也。夫心者人之宰也。耳目口鼻四肢皆聽其指揮。心之發動曰意。意之所向為拳。而五行循環。生克變化出焉。天地進化。以五行為始。以化生萬物為終。而人之運動。亦以意為始。以形為終。故意拳不明。而形拳亦無由而成。意拳包五行連環二部。學者須三致意焉。（形拳即十二形法另編第二冊）

○第一章　五行拳

五行者。金木水火土也。內有五臟。外有五官。皆與五行相配。心屬火。脾屬土。肝屬木。肺屬金。腎屬水。此五行之隱於內者。目通肝。鼻通肺。舌通心。耳通腎。人中通脾。此五行之著於外者。五行有相生之道焉。金生水。水生木。木生火。火生土。土生金。又有相克之義焉。金克木。木克土。土克水。水克火。火克金。五行見於洪範。而漢儒借之以解經。後人每譏其於義無取。而生克之理。究不為不當也。拳之以是取名。用以堅實其內。整飭其外。取相生之道。以為平時之習練。取相克之義。以為對手之破解云耳。非必沾沾於古說也。夫拳以五行名者。以崩拳之形似箭。性屬木。礮拳之形似礮。性屬火。橫拳之形似彈。性屬土。劈拳之形似斧性屬金。鑽拳之形似電。性屬水。故也。由相生之說論之。故橫拳能生劈拳。劈拳能生鑽拳。鑽拳能生崩拳。崩拳能生礮拳。礮拳能生橫拳也。萬物生於土。故橫拳能生各拳。由相克之說論之。故劈拳能克崩拳。崩拳能克橫拳。橫拳能克鑽拳。鑽拳能克礮拳。礮拳能克劈拳也。

○第一節　劈拳

劈拳屬金。其形似斧。有劈物之意。五行之中。以土為主。蓋土生萬物。內包四德。準其循環之理。而土生金。此劈拳所以為五拳之首也。然金於五臟相肺。拳之順逆。肺氣之通塞。與有關焉。

一、路綫　　形意與諸拳不同者。前腳先進。後腳必緊隨也。拳之用也。宜速進前腳。則便捷靈敏。必能取勝。拳之進也。宜猛跟後腳。則氣催身往。必不可當。劈拳之路綫。每三步為一組。前腳進為一。後腳進為二。既進之腳復進為三。如左圖。

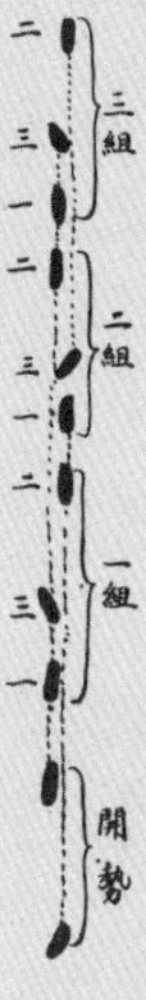

二、開勢　　開勢即三體勢。其要領。同第一編第五節。

開勢圖

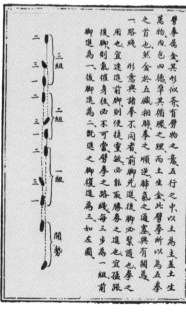

三、起勢　兩拳緊握後收、而復前伸、後收時變陽、兩肘抱肋、兩拳間隔少許、前伸時、拳從口出、小指上翻、垂肘垂肩、同時前足順進、後拳隨出、緊貼前肘、兩眼須注視前拳、

起勢圖

四、落勢　後拳由肘前出、同時後足前進一大步、足手齊落、足落地如踹毒蛇、不肯稍縱、五指抓地、足心騰起、後足斜跟踏地時、力同、兩手前推後挽、力務均、前手高齊心、後手在臍、而鼻、手、脚、三者成一線、後肘緊靠肋部、如是則團結力大、屹如山岳矣、習練時、起落務要一氣貫足、若波浪然、一波甫平、一波又起、然身體不可忽高忽低、否則氣浮而力散矣、

落勢圖

五、回身勢　右手在前、則左轉身、左手在前、則右轉身、轉時以兩足根為軸、足尖微離地、兩拳仰抱在臍、轉畢、急起急落、仍前足進為一、後足進為二、既進之脚復進為三、如左圖、

「注意」劈拳由起而落、由落而起、為一圓形、此圓之周圍用力宜均、使處處皆到、不可有一毫之疏懈、手足齊落、肩胯相隨、肘膝相合、是為至要、

○第二節　崩拳

崩拳屬木、其形似箭、有射物之意、木於五臟相肝、故此拳順則肝氣舒、謬則肝氣鬱、學者倘於此而加以精研、最足以助精魄強筋骨、且簡捷而應用、前人恆以專此一拳而名家也、

一、路綫　崩拳極簡單、無起落勢、而回身較他拳為繁、故以出勢回身分段論之、其練法左腿永遠在前、右腿跟進、故亦名左骸崩拳、如左圖、

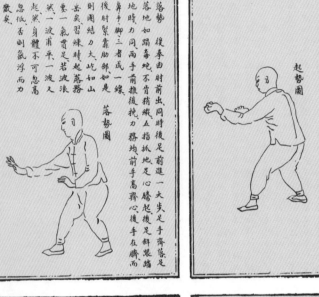

二、開勢（即三體勢） 由開勢兩掌變拳、前者順而後者陽先進左足、右足隨進、同時右拳伸出、左拳抽回至兩拳相交、右拳變順、左拳變陽、故出拳如錯、打敵而且破敵、此形意拳之妙訣也、收拳與出拳平均用力、出入必由洞口、緊貼兩肋、如撕物然、兩手互易、步法不可紊亂、

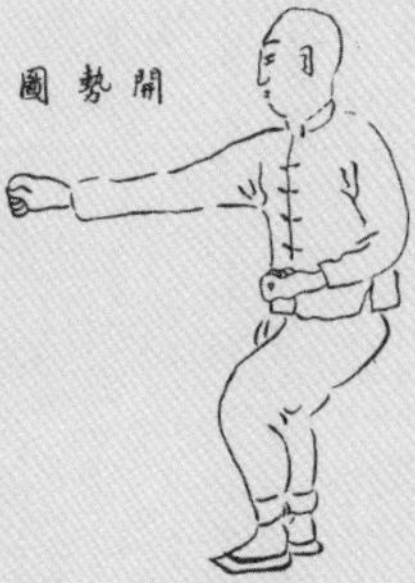

開勢圖

三、回身勢 左足右橫、同時將拳收回、從右向後轉、右足橫提右拳鑽出、腳手齊落、成剪子股形（亦名狸貓倒上樹）兩拳變掌、由陽而陰、後掌在脇、前掌齊心、如左圖、

回身勢圖

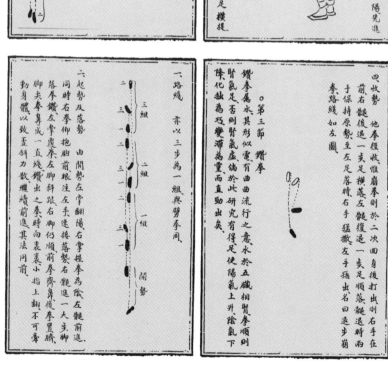

四、收勢 他拳經收、惟崩拳則於二次回身後打出、則右手在前、右腿後退一步、足橫落、左腿復退一步、足順落、腿退時兩手保持原勢、至左足落時、右手猛撤、左手猛出、名曰退步崩拳、路線如左圖、

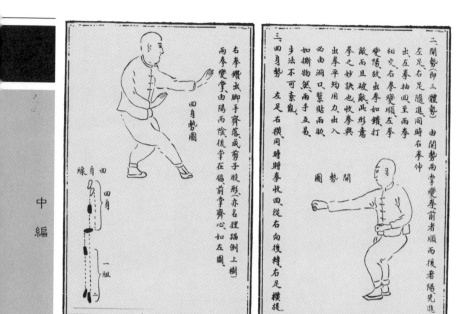

○第三節 鑽拳

鑽拳屬水、其形似電、有曲曲流行之意、水於五臟相腎、拳順則腎氣足、否則腎氣虛、倘於此研究有得、足使陽氣上升、陰氣下降、化拙為巧、變滯為靈、而直勁出矣、

一、路線 亦以三步為一組、與劈拳同、

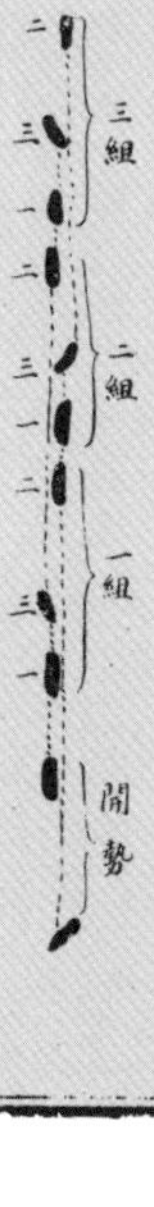

二、起勢及落勢 由開勢左掌翻陽、右掌握拳為陰、左腿前進、同時右拳仰抱胸前、眼注左手、速接落勢、右腿進一大步、腳落拳鑽、左掌覆拳、左腳斜跟、右腳仍順、前拳齊鼻、後拳置臍、腳尖拳鼻成一直線、鑽出之拳、時向裏裹、小指上翻、不可牽動身體、以致歪斜力散、繼續前進、其法同前、

三、回身勢　右手在前、則左轉身左手在前、則右轉身後手自脇邊反鑽、以扣敵腕、急起急落、步法與劈拳同、

○第四節　礮拳

礮拳屬火、其形似礮、水平威力甚大、有加農之性焉、火在五臟而相心、故拳順則心中靈明、拳乖則心中朦昧、甚矣此拳之不可忽也、

一、路綫　劈鑽以三步為一組、崩拳以一步為一組、礮拳則以四步為一組、勢皆斜出、如左圖、

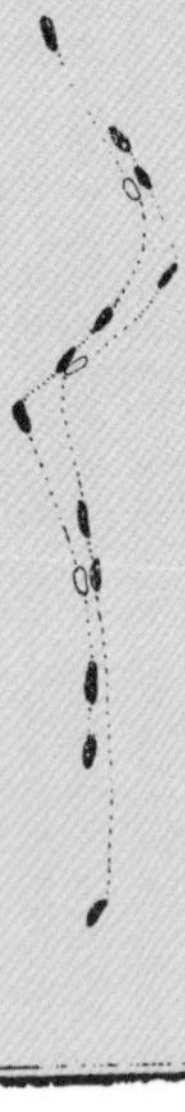

二、起勢　左脚先進、右脚隨之、右落左提、眼觀一隅、掌變陽拳右脇左臍、有如丁字、莫亢莫卑、兩肘夾脇、舌卷氣垂、

三、落勢　右拳順出、如石之投、左拳裹翻、置之眉頭、足提者進、與右拳偕、左右互換、無用他求、試詳路綫、如龍如蚪、

四、回身勢　左手出、則左轉身、右手出、則右轉身、轉時後脚為軸、前脚回至後脚處落地、而後脚提起、仍進步斜行、如路綫南

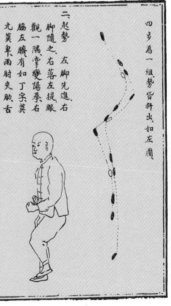

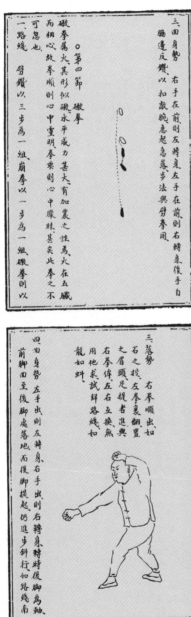

北、在轉身前打東南者、轉身後則打東北、四隅皆依此類推、左為一隅路綫圖、

○第五節　橫拳

橫拳屬土、其形似彈、土在五臟相脾、其拳順則脾胃和、拳乖則脾胃弱、而五臟亦必失和矣、蓋土為五行之本、脾為五臟之本、根本不固、枝葉必枯、自然之理也、故橫拳者、五行拳之主也、學者宜注意焉、

一、路綫　橫拳亦用斜勢、其步數類劈鑽、而非直綫、其灣曲似鑽拳、而步數減、如左圖、

二、起勢及落勢　前脚提、後脚孤立、兩掌變拳、前陽後陰、陽者如鑽拳裏肘垂肩、高與眉齊、陰者隱匿前肘之下、目須平視、此起勢也、前脚猛進、後脚隨跟、進步之際、前拳入、後拳出、入者變陰、出者變陽、出者拳鑽而肘橫、橫者所以制敵、鑽者所以攻敵、此落勢也、

起勢圖

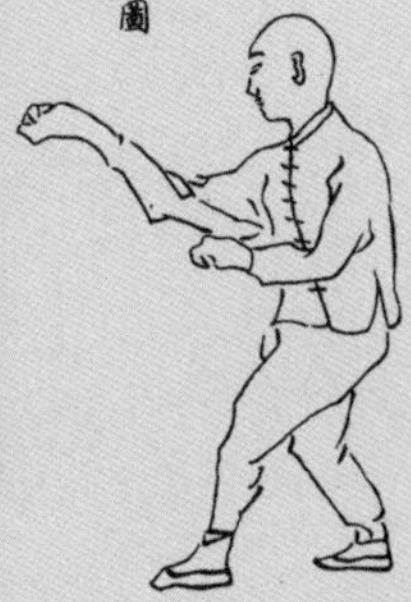

落勢圖

三、四身勢　右手出、則右轉身、左手出、則左轉身、轉時以後脚為軸、前脚隨身、從右(左)向後轉、脚落地時、即成起勢、急作落勢、手法與落勢同、如左圖、

○第二章　五行生克

五行生克者。二人相對之拳也。其相生也。金生水、水生木、木生火、火生土、土生金、如是生生不已。變化無窮。即劈拳變鑽拳。鑽拳變崩拳。崩拳變砲拳。砲拳變橫拳。橫拳又變劈拳。臨機應變。

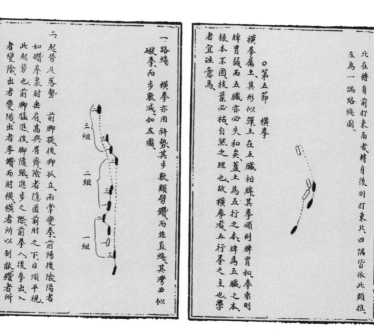

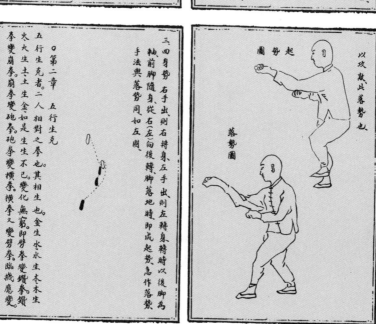

一在乎學者之熟練。與自己之運用耳。其相克也。金克木、木克土、土克水、水克火、火克金。即劈拳破崩拳。崩拳破橫拳。橫拳破鑽拳。鑽拳破砲拳。砲拳破劈拳。若兩人對練時。甲生之。乙克之。乙生之。甲克之。循環不息。所以應用也。

茲述其動作如左、

第一節　開勢（即三體勢）

設甲乙二人、取適當之距離、均用三體勢站穩、（如左圖）

第二節　動作

1、甲以進步崩拳、一面壓迫乙之左臂、一面攻擊乙之腹部、乙即以左手托甲之右肘、同時左足隨左手而起、復隨右手而落、以崩拳還擊之（如左圖）

2、甲復按乙之動作還之以崩拳、而乙則以左肘裹甲之左臂、急進右足、用右掌劈甲之左胸（此金克木也）

3、甲急退左足、同時利用乙之推力、以左臂架起乙之右掌、且以右拳攻擊乙之腹部（此火克金也）

失乙以右手壓迫甲之右拳、同時退左足、鑽出左拳、直擊甲頦部、(此水克火也)、

5、甲以左拳横出、右足退一大步左足隨之、稍向後移、(此土克水也)、

6、乙復用進步崩拳甲稍退、以左掌壓之、乙復用崩拳、而甲如乙之(2)動以劈拳破之、以下成循環式、學者玩索而自得之、玆不復贅、(如左圖)、

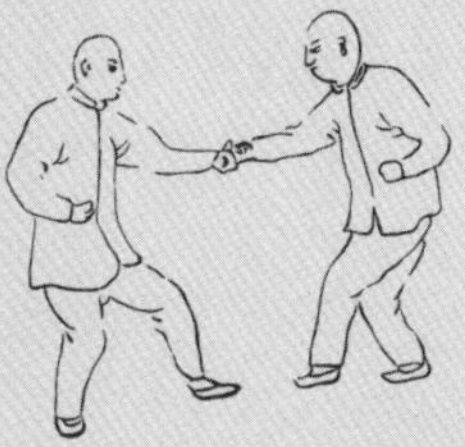

○第三章 進退連環拳

連環拳者。五行合一之勢也。分演之為五行。合演之為連環。以其勢皆循環連貫。故以連環名之。然此拳以五行為母。五拳未習熟。不必學連環也。且既熟五拳。亦非習連環無以明變化之妙。而收應用之功。至其分合。總不外起鑽落翻。陰陽動靜。習者深心揣摩。自能領悟矣。

第一節 路線

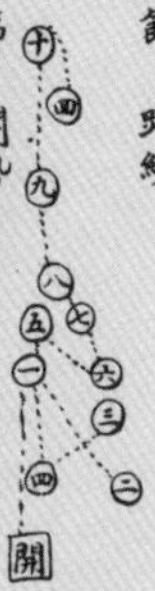

第二節 開勢

連環拳之開勢、仍用三體勢其要領同第一編、第一章第五節、

第三節 進步崩拳

由三體勢兩手變拳、進左腿、右拳陽出、順落齊心、左拳順回、陽拳齊臍、同時右腿隨進、腰對左踵、提肛、挺腰、垂肩、兩腿捎緊、(其要領與本編第一章、第二節同)、如下圖、

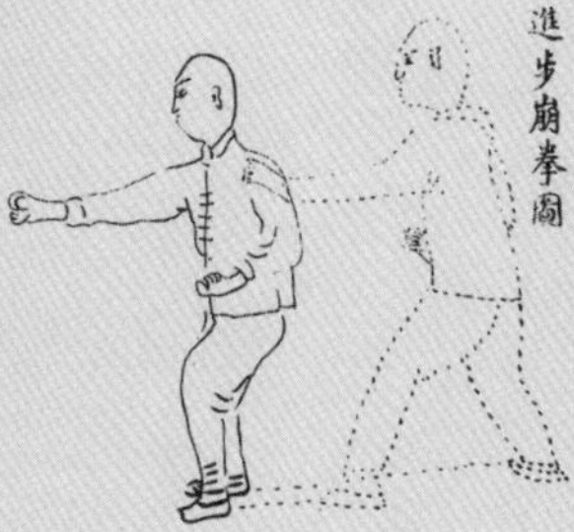

進步崩拳圖

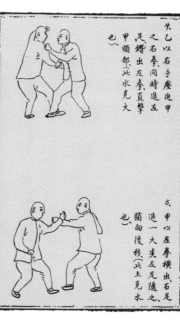

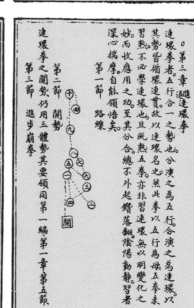

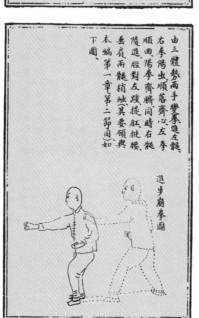

第四節　退步崩拳

右骽斜退一步、脚橫落、左骽大退一步、脚直落、後脚尖直前脚外脛骨、右骽退時、兩臂靜保原勢、至左脚落時、右臂抱肋、猛撤齊臍、左臂力出齊心、兩骽成剪形、故又名剪子步(其要領與崩拳收勢同)、如下圖、

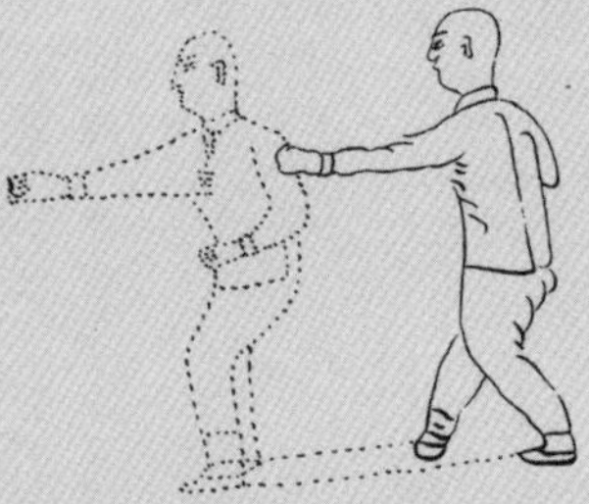

第五節　順步崩拳

右骽進絀、右拳陽出、順落齊心、左拳順回、陽落齊臍、左脚稍跟、如左圖、

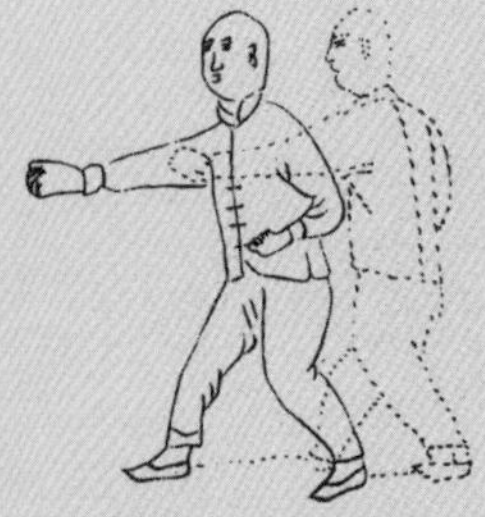

第六節　白鵝亮翅

右拳陽收齊臍、與左拳交叉、用力向下鑽至襠、成十字、即以原勢上起至額、同時左骽斜退、兩拳又各繞半圜、繞時兩肘向裏包裹、其力不散、至襠左掌右拳力打、同時右骽撤、與左骽并攏、骽皆稍絀、如下圖、

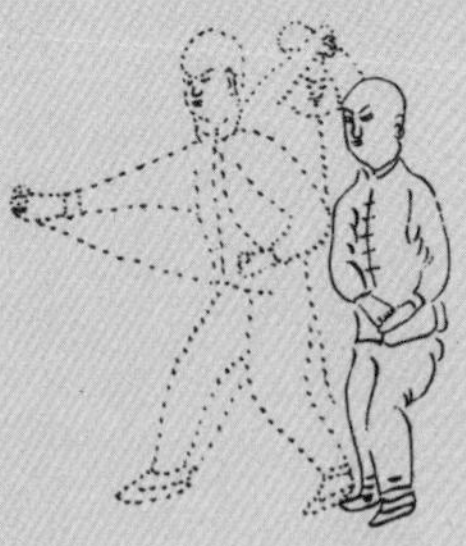

第七節　進步砲拳

右骽進絀、左拳出齊心、同時右拳翻上至額(其要領與砲拳同)、

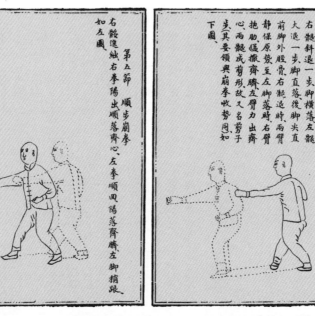

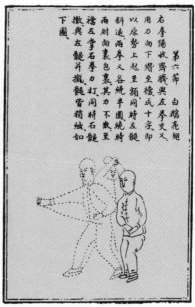

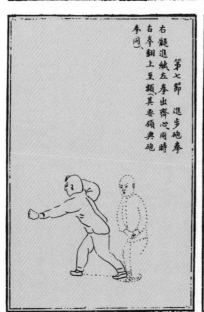

第八節　退步鑽拳

右掌橫攔、左拳退至左脇、右腿大退、右掌下落、左拳由脇部鑽出、左腿退與右腳并提、此四動、必須手腳相合、動作同時、兩腿稍紐、兩拳陽置臍部、左橫右順、如下圖、

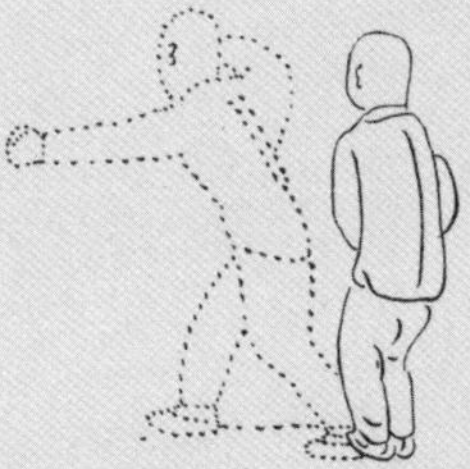

第九節　進步撥掌

左腿進、左掌外撥、右掌隨左掌起落、但仍在臍部、其精神與劈拳同、右腿隨進、兩腿仍如前勢、兩眼視左掌、如下圖、

進步撥掌圖

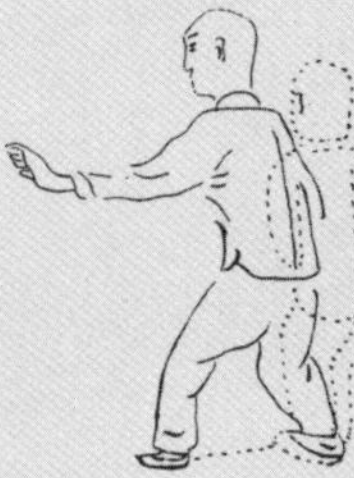

第十節　進步鑽拳

左腿稍進、仍紐左掌變拳、右拳鑽出齊眉、小指上翻、左拳回撤陽置脇、右腿稍跟、亦有如橫拳作法者、然無論鑽橫、務以包裹嚴密為要、故又名包裹勢、如左圖、

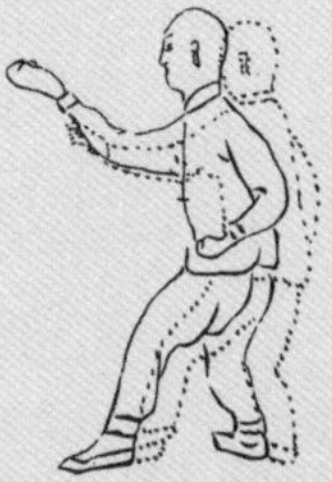

第十一節　拗步劈拳

由前勢墊步稍進、復以右腳前進、而橫落、同時左掌用力劈出、右掌覆挽、左腿稍跟、眼視前掌、俗稱狸貓上樹、如下圖、

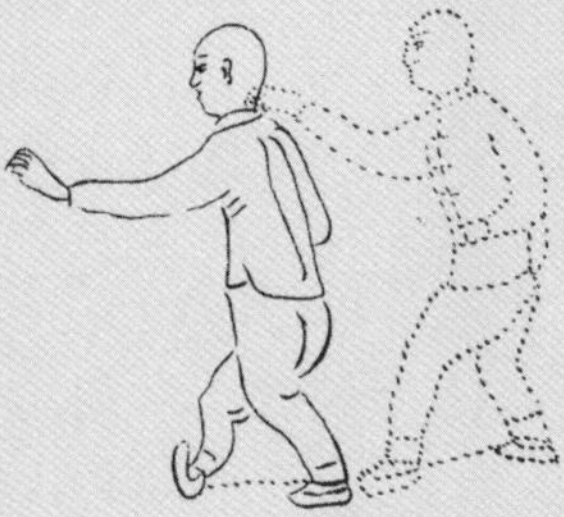

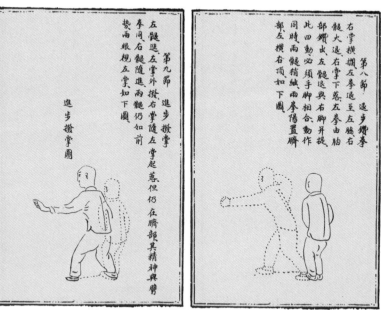

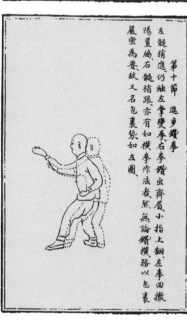

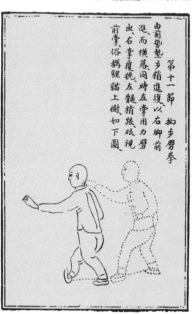

第十二節 進步崩拳

兩掌變拳、右腳順進、左腿大進、右拳陽出、順落臍心、左拳順回陽置臍、右腿隨進、膝對左踵、提肛、挺腰、垂腹、兩腿稍紐、如下圖、

進步崩拳圖

第十三節 回身勢

回身與本編第一章第二節、崩拳回身勢同一要領、如下圖、

回身勢圖

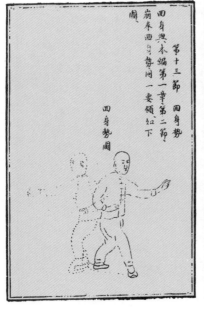

中編

意拳原理

拳以意名者，以意為諸拳之母，凡百運動，皆淵源於此也。夫心者，人之宰也，耳、目、口、鼻、四肢皆聽其指揮。心之發動曰意，意之所向為拳，而五行循環，生剋變化出焉。

天地進化，以五行為始，以化生萬物為終；而人之運動，亦以意為始，以形為終。故意拳不明，而形拳亦無由而成。意拳包五行連環二部，學者須三致意焉。（形拳即十二形法，另編第二冊①）

【注釋】

①第二冊：指《岳氏意拳十二形精義》。

第一章　五行拳①

五行者，金、木、水、火、土也。內有五臟，外有五官，皆與五行相配。心屬火，脾屬土，肝屬木，肺屬金，腎屬水，此五行之隱於內者；目通肝，鼻通肺，舌通心，耳通腎，人中通脾，此五行之著於外者。

五行有相生之道焉：金生水，水生木，木生火，火生土，土生金；又有相剋之義焉：金剋木，木剋土，土剋水，水剋火，火剋金。五行見於《洪範》，而漢儒借之以解經，後人每譏其於義無取，而生剋之理究不為不當也。

拳之以是取名，用以堅實其內，整飭其外，取相生之道，以為平時之習練，取相剋之義，以為對手之破解云耳，非必沾沾於古說也。

夫拳以五行名者，以崩拳之形似箭，性屬木；炮拳之形似炮，性屬火；橫拳之形似彈，性屬土；劈拳之形似斧，性屬金；鑽拳之形似電，性屬水故也。

由相生之說論之，故橫拳能生劈拳，劈拳能生鑽拳，鑽拳能生崩拳，崩拳能生炮拳，炮拳能生橫拳也。萬物生於土，故橫拳能生各拳。

由相剋之說論之，故劈拳能剋崩拳，崩拳能剋橫拳，橫拳能剋鑽拳，鑽拳能剋炮拳，炮拳能剋劈拳也。

【注釋】

①五行拳：《岳氏意拳五行精義》中五行拳、連環拳的編寫，參照了杜之堂編錄的《五行連環拳譜合璧》，圖例相同，但文字有差異。初學者，可以兩相對照，揣摩其異同。

第一節 劈 拳

劈拳屬金，其形似斧，有劈物之意。五行之中，以土為主，蓋土生萬物，內包四德，準其循環之理，而土生金，此劈拳所以為五拳之首也。然金於五臟相肺，拳之順逆，肺氣之通塞，與有關焉。

一、路 線

形意與諸拳不同者，前腳先進，後腳必緊隨也。拳之用也，宜速進前腳，則便捷靈敏，必能取勝。劵①之進也，宜猛跟後腳，則氣催身往，必不可當。劈拳之路線，每三步為一組，前腳進為一，後腳進為二，既進之腳復進為三。如左②圖（圖六）。

圖6　劈拳路線

二、開　勢

開勢即三體勢，其要領同第一編第五節③。（圖七）

三、起　勢

兩拳緊握後收，而復前伸。後收時變陽，兩肘抱肋，兩拳間隔少許。前伸時，拳從口出，小指上翻，垂肘

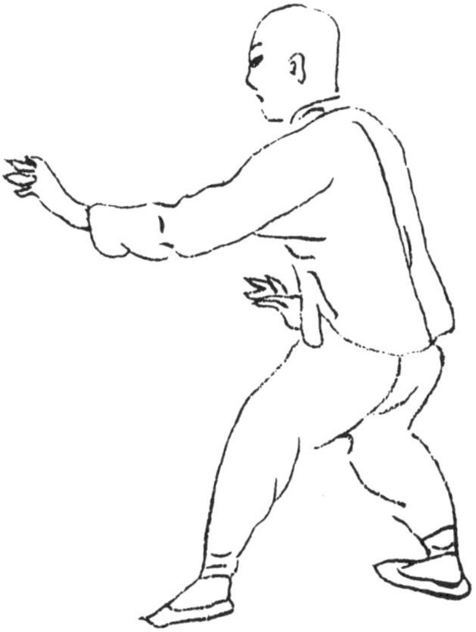

圖7　開勢圖

垂肩；同時，前足順進，後拳隨出，緊貼前肘，兩眼須注視前拳。（圖八）

四、落　勢

後拳由肘前出，同時後足前進一大步，足手齊落。足落地如踏毒蛇，不肯稍縱，五指抓地，足心騰起。後足斜跟踏地時，力同。兩手前推後挽，力務均，前手高齊心，後手在臍，而鼻手腳三者成一線，後肘緊靠肋部，如是則團結力大，屹如山岳矣。

習練時，起落務要一氣貫足，若波浪然，一波甫平，一波又起，然身體不

圖8　起勢圖

圖9　落勢圖

可忽高忽低，否則氣浮而力散矣。（圖九）

五、回身勢

右手在前則左轉身，左手在前則右轉身。轉時以兩足根為軸，足尖微離地，兩拳仰抱在臍。轉畢急起急落，仍前足進為一，後足進為二，既進之腳復進為三。如左圖（圖十）。

圖10
回身勢路線

【注意】

劈拳由起而落，由落而起，為一圓形。此圓之周圍，用力宜均，使處處皆到，不可有一毫之疏懈，手足齊落，肩胯相隨，肘膝相合，是為至要。

【注釋】

①券：原文「劵」字誤，當作「拳」。

②左：原書中圖在文字之左。後文同。

③第一編第五節：指上編第一章第五節。

第二節　崩　拳

崩拳屬木，其形似箭，有射物之意。木於五臟相肝，故此拳順則肝氣舒，謬則肝氣鬱。學者倘於此而加以精研，最足以助精魄，強筋骨，且簡捷而應用。前人恒以專此一拳而名家也。

一、路　線

崩拳極簡單，無起落勢，而回身較他拳為繁，故以出勢回身。分段論之，其練法，左腿永遠在前，右腿跟進，故亦名左腿崩拳。如左圖（圖十一）。

圖11
崩拳路線

二、開　勢（即三體勢）

由開勢兩掌變拳，前者順①而後者陽，先進左足，右足隨進；同時右拳伸出，左拳抽回，至兩拳相交，右拳變順，左拳變陽，故出拳如錯②，打敵而且破敵，此形意拳之妙訣也。

收拳與出拳平均用力，出入必由洞口③，緊貼兩肋，如撕物然，兩手互易，步法不可紊亂。（圖十二）

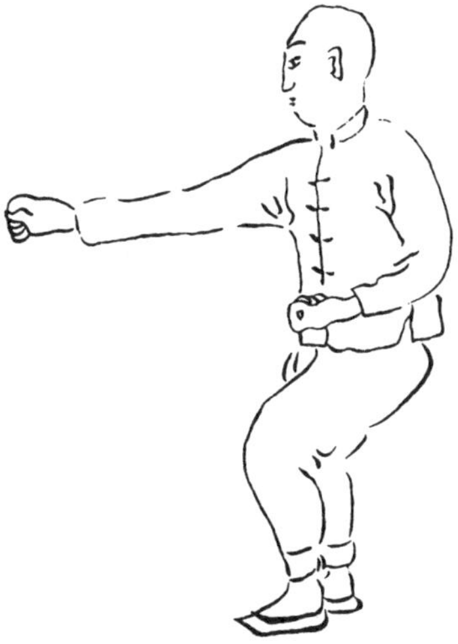

圖12　開勢圖

三、回身勢

左足右橫，同時將拳收回，從右向後轉，右足橫提，右拳鑽出，腳手齊落，成剪子股形④（亦名狸貓倒上樹），兩拳變掌，由陽而陰，後掌在脅，前掌齊心。如下圖（圖十三、圖十四）。

四、收　勢

他拳徑收，惟崩拳則於二次回身後打出，則右手在前，右腿後退一步，足橫落，左腿復退一步，足順落；腿退時兩手保持原勢，至左足落時，右手猛

圖13　回身勢圖

圖14　回身線

撤，左手猛出，名曰退步崩拳。路線如下圖（圖十五）。

圖15
收勢路線

【注釋】

①順：立拳，拳眼朝上。

②錯：交錯、摩擦。這裡指兩拳由立拳到陽拳之間的變化。

③洞口：指身體的中心。

④剪子股形：即剪子股式。

第三節 鑽 拳

鑽拳屬水，其形似電，有曲曲流行之意。水於五臟相腎，拳順則腎氣足，否則腎氣虛。倘於此研究有得，足使陽氣上升，陰氣下降，化拙為巧，變滯為靈，而直勁出矣。

一、路　線

亦以三步為一組，與劈拳同。（圖十六）

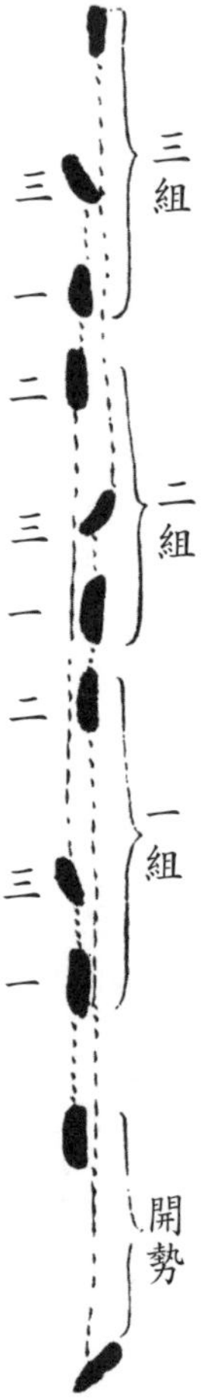

圖16
鑽拳路線

二、起勢及落勢

由開勢左掌翻陽，右掌握拳為陰，左腿前進，同時右拳仰抱胸前，眼注左手；速接落勢，右腿進一大步，腳落拳鑽，左掌覆拳，左腳斜跟，右腳仍順，前拳齊鼻，後拳置臍，腳尖拳鼻成一直線。鑽出之拳，時向裏裹，小指上翻，不可牽動身體，以致歪斜力散。繼續前進，其法同前。（圖十七、圖十八）

三、回身勢

右手在前則左轉身，左手在前則右轉身，後手自脅邊反鑽，以扣敵腕，急起急落，步法與劈拳同。（圖十九）

圖17　起勢圖

圖18　落勢圖

圖19
回身勢路線

第四節　炮　拳

炮拳屬火，其形似炮，水準威力甚大，有加農之性焉。火在五臟而相心，故拳順則心中靈明，拳乖則心中朦昧甚矣，此拳之不可忽也。

一、路　線

劈鑽以三步為一組，崩拳以一步為一組，炮拳則以四步為一組，勢皆斜出。如左圖。（圖二十）

圖20　炮拳路線

二、起　勢

左腳先進，右腳隨之，右落左提，眼觀一隅，掌變陽拳，右脅左臍，有如丁字，莫亢莫卑，兩肘夾肋，舌捲氣垂。（圖二十一）

三、落　勢

右拳順出，如石之投，左拳裹翻，置之眉頭，足提者進，與右拳侔，左右互換，無用他求，試詳路線，如龍如虯。（圖二十二）

圖21　起勢圖

圖22　落勢圖

四、回身勢

左手出則左轉身，右手出則右轉身。轉時後腳為軸，前腳回至後腳處落地，而後腳提起，仍進步斜行，如路線南北在轉身前打東南者，轉身後則打東北，四隅皆依此類推，左為一隅路線圖。（圖二十三）

圖23
回身勢路線

第五節　橫　拳

橫拳屬土，其形似彈，土在五臟相脾，其拳順則脾胃和，拳乖則脾胃弱，而五臟亦必失和矣。

蓋土為五行之本，脾為五臟之本，根本不固，枝葉必枯，自然之理也。故橫拳者，五行拳之主也，學者宜注意焉。

一、路　線

橫拳亦用斜勢，其步數類劈鑽，而非直線，其灣曲似炮拳，而步數減。如左圖。（圖二十四）

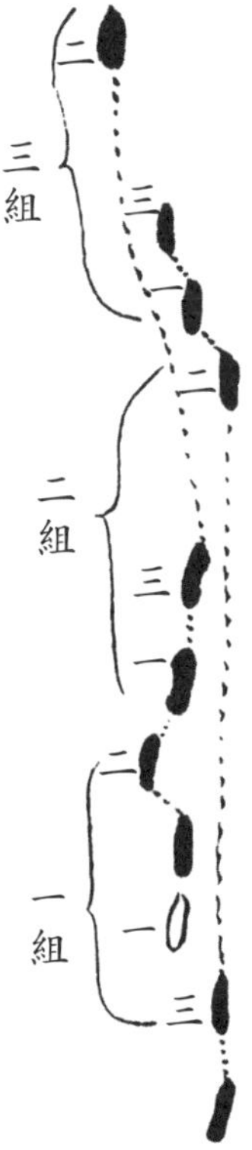

圖24
橫拳路線

二、起勢及落勢

前腳提，後腳孤立，兩掌變拳，前陽後陰。陽者如鑽拳，裹肘垂肩，高與眉齊；陰者隱匿前肘之下，目須平視，此起勢也。前腳猛進，後腳隨跟；進步之際，前拳入，後拳出，入者變陰，出者變陽，出者拳鑽而肘橫，橫者所以制敵，鑽者所以攻敵，此落勢也。（圖二十五、圖二十六）

圖25　起勢圖

圖26　落勢圖

三、回身勢

右手出則右轉身，左手出則左轉身。轉時以後腳為軸，前腳隨身，從右（左）向後轉。腳落地時，即成起勢，急作落勢，手法與落勢同。如左圖（圖二十七）。

圖27　身勢路線

第二章　五行生剋①

五行生剋者，二人相對之拳也。

其相生也，金生水，水生木，木生火，火生土，土生金，如是生生不已，變化無窮，即劈拳變鑽拳，鑽拳變崩拳，崩拳變炮拳，炮拳變橫拳，橫拳又變劈拳。臨機應變，一在乎學者之熟練，與自已②之運用耳。

其相剋也，金剋木，木剋土，土剋水，水剋火，火剋金，即劈拳破崩拳，崩拳破橫拳，橫拳破鑽拳，鑽拳破炮拳，炮拳破劈拳。

若兩人對練時，甲生之，乙剋之，乙生之，甲剋之，循環不息，所以應用也。茲述其動作如左。

第一節 開 勢（即三體勢）

設甲乙二人，取適當之距離，均用三體勢站穩。（如下圖）（圖二十八）

第二節 動 作

1. 甲以進步崩拳，一面壓迫乙之左臂，一面攻擊乙之腹部；乙即以左手托甲之右肘，同時左足隨左手而起，復隨右手而落，以崩拳還擊之。（如下圖）（圖二十九）

圖28

圖29

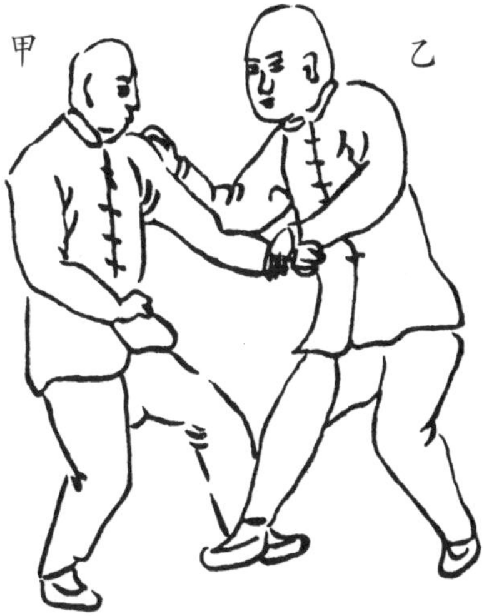

圖30

2.甲復按乙之動作還之以崩拳，而乙則以左肘裹甲之左臂，急進右足，用右掌劈甲之左胸。（此金剋木也）（圖三十）

3.甲急退左足③，同時利用乙之推力，以左臂架起乙之右掌，且以右拳攻擊乙之腹部。（此火剋金也）（圖三十一）

圖31

圖32

4.乙以右手壓迫甲之右拳，同時進左足④，鑽出左拳，直擊甲頦部。（此水剋火也）（圖三十二）

5.甲以左拳橫出，右足退一大步，左足隨之，稍向後移。（此土剋水也）（圖三十三）

6.乙復用進步崩拳，甲稍退，以左掌壓之，乙復用崩拳，而甲如乙之二動⑤

以劈拳破之。以下成循環式，學者玩索而自得之，茲不復贅。（如左圖）（圖三十四）

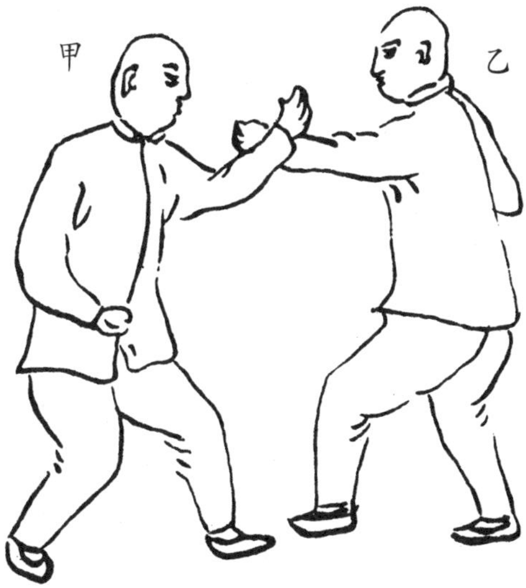

圖33

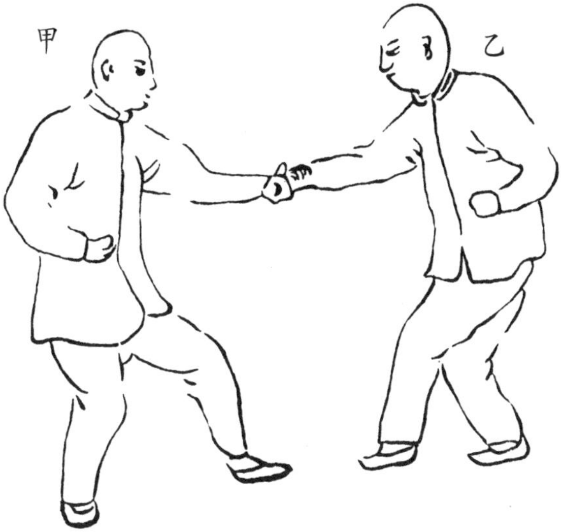

圖34

【注釋】

①剋：原文作「克」，均改為「剋」。

②已：原文誤作「己」，據文義當為「已」。

③甲急退左足：圖有誤，圖中甲左足未退回，與文字不符。保定本、山西本（即一九一九年張桐軒於山西國民師範學校任教時印行的《形意拳古譜》《拳術講義》兩本）皆如此。

④進左足：圖有誤，圖中乙左足未進，與文字不符。保定本、山西本皆如此。

⑤二動：指本節第二條。

第三章　進退連環拳

連環拳者，五行合一之勢也，分演之為五行，合演之為連環，以其勢皆循環連貫，故以連環名之。然此拳以五行為母，五拳未習熟，不必學連環也；且既熟五拳，亦非習連環無以明變化之妙，而收應用之功。至其分合，總不外起鑽落翻，陰陽動靜，習者深心揣摩，自能領悟矣。

第一節　路　線（圖三五）

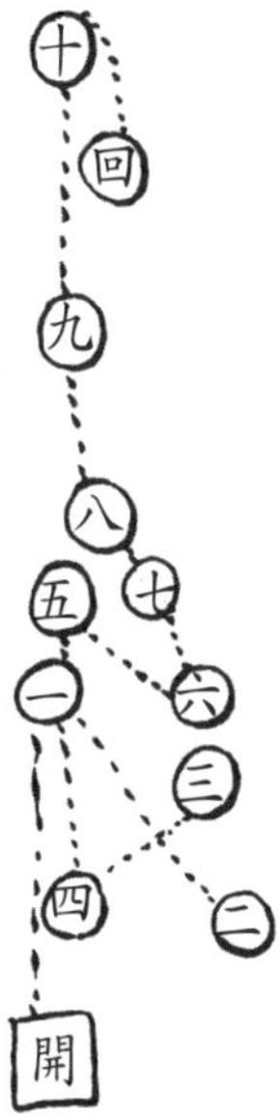

圖三五
連環拳路線

第二節　開　勢

連環拳之開勢，仍用三體勢，其要領同第一編①第一章第五節。

【注釋】

①第一編：即上編。

第三節　進步崩拳

由三體勢，兩手變拳，進左腿，右拳陽出，順落齊心，左拳順回，陽拳齊臍；同時右腿隨進，脛對左踵，提肛，挺腰，垂肩，兩腿稍紐（其要領與本編第一章第二節同）。如前頁圖（圖三六）。

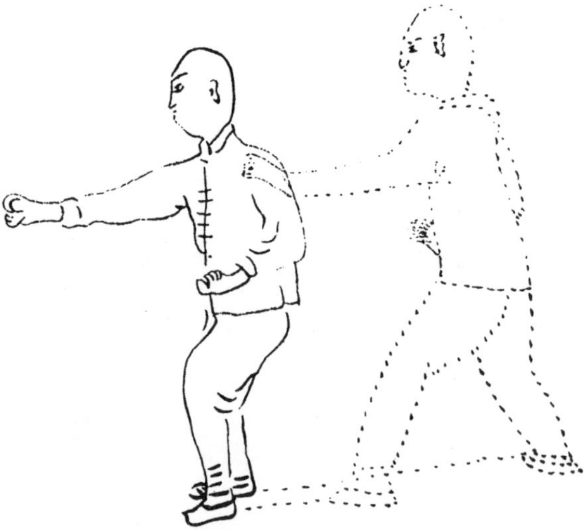

圖三六　進步崩拳圖

第四節　退步崩拳①

右腿斜退一步，腳橫落，左腿大退一步，腳直落，後腳尖直②前腳外脛骨；右腿退時，兩臂靜保原勢，至左腳落時，右臂抱肋，猛撤齊臍，左臂力出齊心，兩腿成剪形，故又名剪子步（其要領與崩拳收勢同）。如下圖（圖三七）。

【注釋】

①退步崩拳：杜本（即《五行連環拳譜合璧》）、保定本、山西本均為「退步橫拳」。存疑。

②直：原文誤作「直」，據文義當為「對」。

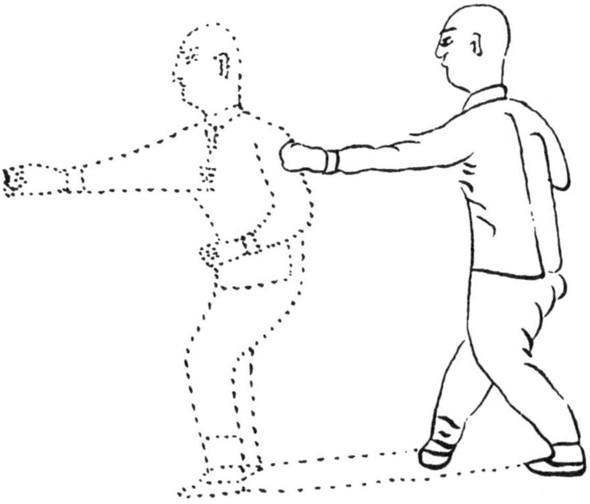

圖三七　退步崩拳圖

第五節　順步崩拳

右腿進絀，右拳陽出，順落齊心，左拳順回，陽落齊臍，左腳稍跟。如下圖（圖三八）。

第六節　白鵝亮翅

右拳陽收齊臍，與左拳交叉，用力向下鑽至襠，成十字，即以原勢上起至額；同時左腿斜退，兩拳又各繞半圈。繞時兩肘向裡包裹，其力不散。至襠左掌右拳力打，同時右腿撤，與左腿併攏，腿皆稍絀。如下頁上圖（圖三九）。

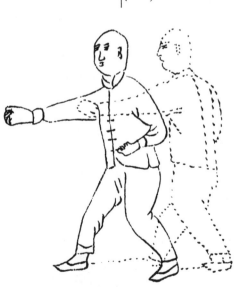

圖三八　順步崩拳圖

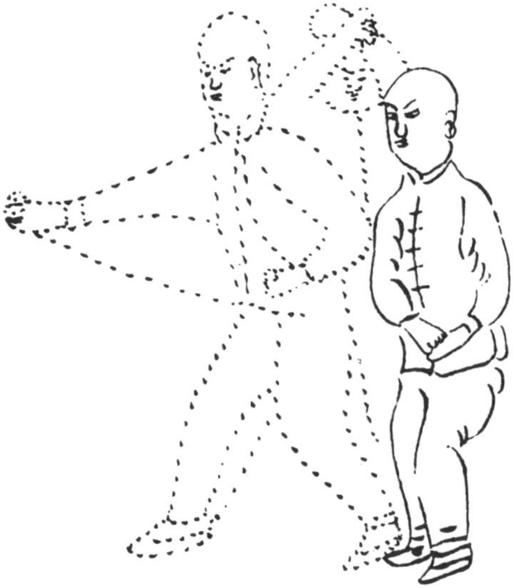

圖三九　白鵝亮翅圖

圖四〇　進步炮拳圖

第七節　進步炮拳

右腿進紐，左拳出齊心，同時右拳翻上至額（其要領與炮拳同）。（圖四〇）

第八節　退步鑽拳

右掌橫攔，左拳退至左脅，右腿大退，右掌下落，左拳由胸部鑽出，左腿退與右腳併提。

此四動，必須手腳相合，動作同時，兩腿稍絀，兩拳陽置臍部，左橫右頂。如下圖。（圖四一）

圖四一　退步鑽拳圖

第九節　進步撥掌

左腿進，左掌外撥，右掌隨左掌起落，但仍在臍部。

其精神與劈拳同，右腿隨進，兩腿仍如前勢，兩眼視左掌。如下頁上圖（圖四二）。

第十節　進步鑽拳

左腿稍進，仍紐，左掌變拳，右拳鑽出齊眉，小指上翻，左拳回撤，陽置脅，右腿稍跟，亦有如橫拳作法者，然無論鑽橫，務以包裹嚴密為要，故又名包裹勢。如左下圖（圖四三）。

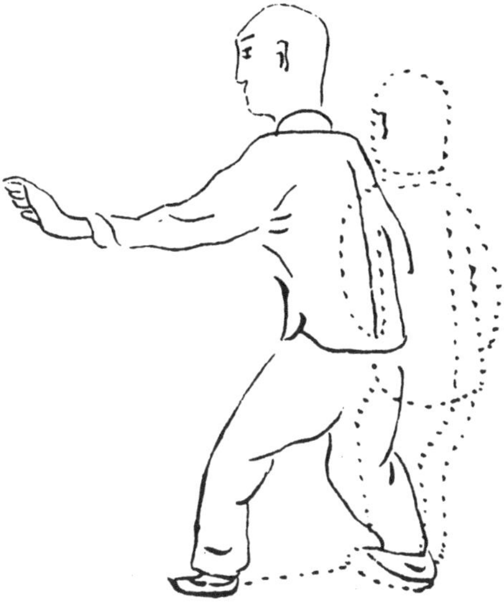

圖四二　進步撥掌圖

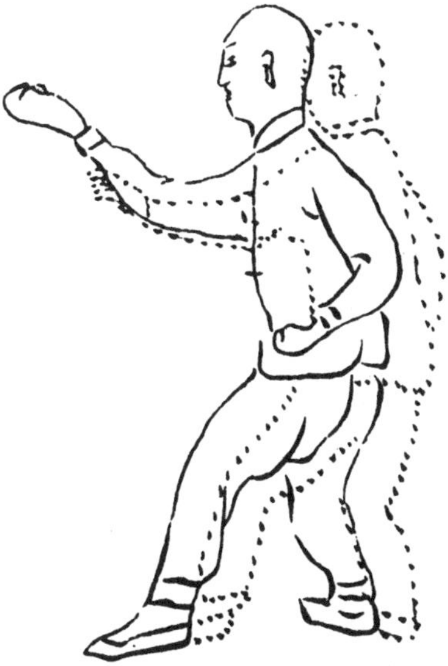

圖四三　進步鑽拳圖

第十一節　拗步劈拳

由前勢墊步稍進，復以右腳前進，而橫落；同時左掌用力劈出，右掌覆挽，左腿稍跟，眼視前掌，俗稱狸貓上樹。如下圖（圖四四）。

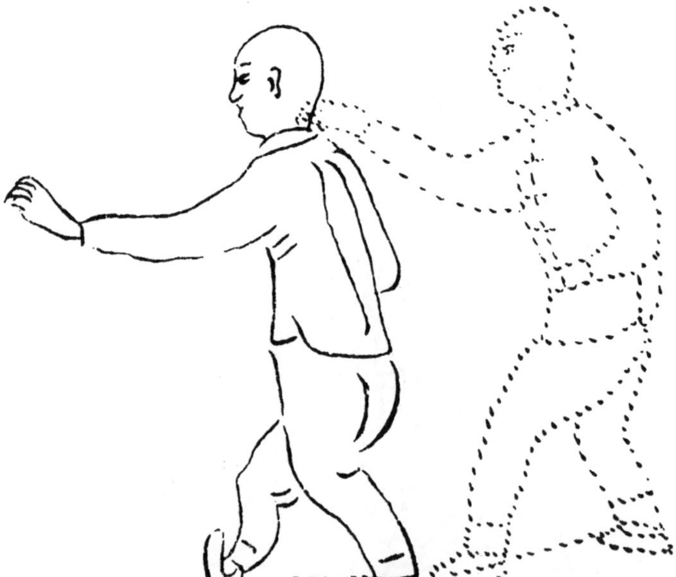

圖四四　拗步劈拳圖

第十二節　進步崩拳

兩掌變拳，右腳順進，左腿大進，右拳陽出，順落齊心，左拳順回陽置臍，右腿隨進，脛對左踵，提肛，挺腰，垂腹，兩腿稍絀。如下圖（圖四五）。

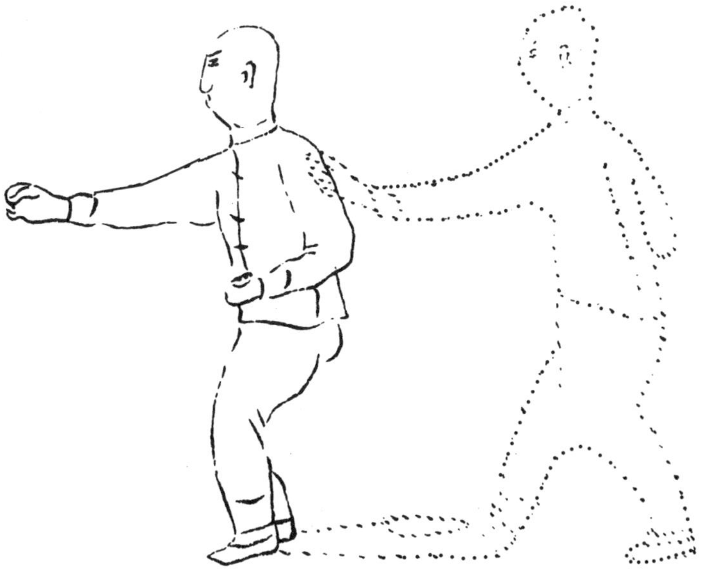

圖四五　進步崩拳圖

第十三節　回身勢

回身與本編第一章第二節崩拳回身勢同一要領，如下圖（圖四六）。

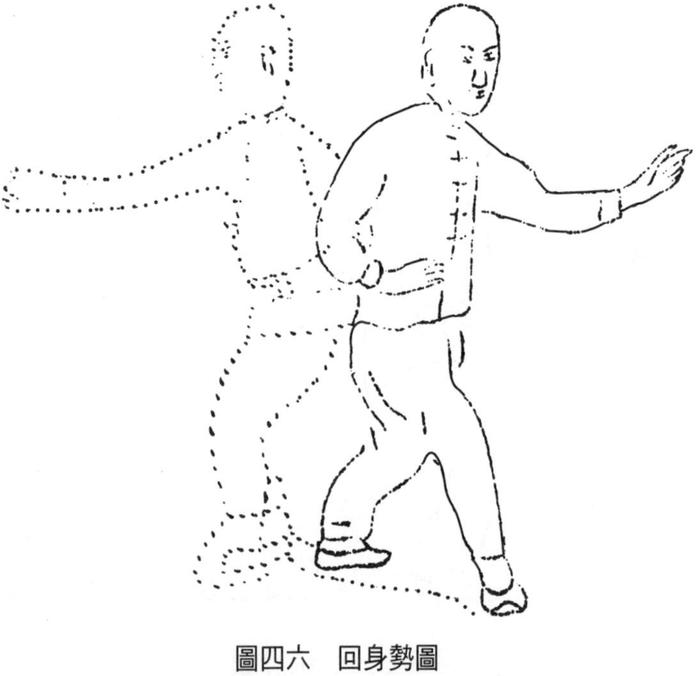

圖四六　回身勢圖

下編　緒論

第一章　岳武穆九要論

器上而通乎道。技精而入乎神。惟得天下之至正。秉天下之真精者。乃能窮神而入妙。察微而闡幽。形意之用。器也。技也。形意之體。道也。神也。器技常人可習。而至道神。大聖獨得。而明。岳武穆精忠報國。至正至剛。其浩然之氣。誠霈然充塞於天地之間。故形意之精。非武穆不能道其詳。然全譜散佚不可得而見。而豪芒流落。祇此九要論而已。吾儕服膺形意。得以稍涉藩圍。濁賴此耳。此論都九篇。理要而意精。詞詳而論辯。學者有志。朝夕漸摹。而一芥之細。可以參天。濫觴之流。泛為江海。九論雖約未始不可通。機合莫造室升堂也。

第一節　一要論

散之必有其統。分之必有其合。故天壤間衆類羣儔紛紛者。各有所屬。千彙萬品攘攘者。自有其原。蓋一本可散萬殊。而萬殊咸歸一本。乃事有必然者。且武事之論。亦甚繁矣。要之詭變奇化。無往非勢。即無往非氣。勢雖不類。而氣歸於一。夫所謂一者。從首至足。內之有五臟筋骨。外之肌肉皮膚五官百骸。連屬膠聚而一貫者也。擊之不離。牽之不散。上思動而下為隨。下思動而上為領。上下動而中節攻。中節動而上下和。內外相連。前後相需。所謂一貫。乃斯之謂而要。非强致襲為也。適時為静。寂然湛然。居其所而穩如山岳。直時為動。如雷如崩。出也。忽爾疾如閃電。且宜無不静。表裏上下全無參差牽掛之累。宜無不動。左右前後概無遒倍猶豫之部。洵若水之就下。沛然莫禦。砲之內發。疾不掩耳。無勞審度。無煩酌辨。不期然而然。莫之致而致。是豈無故而云。然通氣以日積而見。益功以久練而方成。揆聖門一貫之傳。必俟多聞强識之後。豁然之境。不廢鑽仰前後之功。故事無難易。功惟自盡。不可躐等。不可急遽。歷階以升。循序而進。而後官骸肢節自能通貫。上下表裏不難聯結。庶乎散者統之。分者合之。四體百骸終歸一氣而已。

第二節　二要論

論捶而必兼論氣。夫氣主於一。實分為二。所謂二者。即呼吸也。呼吸即陰陽也。陰陽即清濁也。捶不能無動静。氣不能無呼吸。吸則陰。呼則陽。静者陰。動者陽。上升為陽。下降為陰。蓋陽氣上升而為陽。氣下降而為陰。陰氣下行而為陰。陰氣上行而為陽。此陰陽之分也。何謂清濁。升而上者為清。降而下者為濁。清氣上升。濁氣下降。清者為陽。濁者為陰。要之陽以滋陰。陰以滋陽。統言為氣。分言為陰陽。氣不能無陰陽。即人不能無動静。口不能無呼吸。鼻不能無出入。通對待循環者。然。則氣分為二。實主於一。學貴神通。慎勿膠執。

第三節　三要論

夫氣本諸身。而身之節無定處。三節者。上、中、下也。身則頭為上節。身為中節。腿為下節。頭則天庭為上節。鼻為中節。海底為下節。中節則胸為上節。腹為中節。丹田為下節。下節則足為稍節。膝為中節。胯為根節。肱則手為梢節。肘為中節。肩為根節。手則指為梢節。掌為中節。掌根為根節。足例是故自頂至足。莫不各有三節也。要之若無三節之所。即無着意之處。蓋上節不明。無依無宗。中節不明。渾身是空。下節不明。動輒跌傾。顧可忽乎哉。故氣有所。發。則梢節動。中節隨。根節催。然此迺按節分言者。若合而言之。則上自頭頂。下至足底。四體百骸。總為一節。夫何三節之有。又何各有三節之足云。

第四節　四要論

試于論身論氣之外。而進論夫梢者焉。夫梢者身之餘緒也。言身者初不及此。言氣者亦屬罕論。捶以內而外發。氣由身而達梢。故氣之用。不本諸身。則虛而不實。不形諸梢。則實而仍虛。梢亦烏可不講。然此特身之梢耳。而猶未及乎氣之梢也。四梢為何。髮其一也。夫髮之所係。不列於五行。無關乎四體。似不足立論。然髮為血之梢。血為氣之海。縱不必本論諸髮。以論氣。要不能離乎血。而生氣不離乎血。即不得不兼及乎髮。髮欲衝冠。血梢足矣。抑舌為肉梢。而肉為氣之囊。氣不能形諸肉之梢。即無以充其氣之量。故必舌欲催齒。而後肉梢足矣。至於骨梢者、齒也。筋梢者、指甲也。氣生於骨。而聯於筋。不及乎齒。即未及乎筋之梢。而欲足乎爾者。要非齒欲斷筋。甲欲透骨。不能也。果能如此。則四梢足矣。四梢足而氣自足矣。豈復有虛而不實。實而仍虛者乎。

第五節　五要論

拳者、即捶以言勢。即勢以言氣。人得五臟以成形。即由五臟而生氣。五臟者、心肝脾肺腎。乃性之源。氣之本也。心為火而象炎上。肝為木而形曲直。脾為土、而勢迺敦厚。肺為金而有從革之能。腎為水、而有潤下之功。此乃五臟之義。而有準之於氣者。皆各有所配合焉。迺論武事所不可離者。其在內也。胸位肺迺五臟之華。故肺動而諸臟不能靜。兩乳之中位心而護以肺。蓋心居肺之下。胃之上。心為君火。心動而相火無不奉合焉。兩脇之間。左為肝。右為脾。背脊骨十四節皆為腎位。分五臟而總係於脊。脊通身骨髓。而腰為兩腎之本位。故腎為先天第一。尤為諸臟之原。故腎水足。而金木水火土咸有生機。然五臟之存於內者。雖各有定位。而機能又各具於週身。領。頂腦骨背皆腎也。兩耳亦為腎。兩唇兩腮皆脾也。兩髮則為肺。天庭為六陽之首。而萃五臟之精華。實頭面之主腦。不啻為一身之座督矣。印堂者陽明胃氣之衝。天庭性起。機由此達。生發之氣。由腎而達於六陽。實為天庭之樞機也。兩目皆為肝。細繹之上包為脾。下包為胃。大角為心經。小角為小腸。白則為肺。黑則為肝。瞳則為腎。實為五臟精華所聚。而不得專謂之肝也。鼻孔為肺。兩頤為腎。耳門之前為胆經。耳後之高骨亦腎也。鼻為中央之土。萬物資生之源。實為中氣之主也。人中乃血氣之會。上冲印堂。達於天庭。而為至要之所。兩唇之下為承漿。承漿之下為地閣。上與天庭相應。亦腎位也。領頂頸項者。五臟之導途。氣血之總會。前為食氣出入之道。後為腎氣升降之途。肝氣由之而左旋。脾氣由之而右旋。其係更重。而為周身之要領。兩乳為肝。肩窩為肺。兩肘為腎。四肢為脾。兩肩膊皆為脾。而十指則為心肝脾肺腎。膝與脛皆腎也。兩脚根為腎之要。湧泉為腎穴。大約身之各部。突者為心。陷者為肺。骨之露處皆為腎。筋之湊處皆為肝。肉之厚處皆為脾。象其意、則心如猛虎。肝為箭。脾氣暴發、似雷電。肺經翕張。性空靈。腎具伸縮。動如風。其用為經。制經為意。臨敵應變。不識不知。手足所至。若有神會。洵非筆墨所能預述者也。至於生克治化。雖有他編。而究其要領。自有統會。五行百體。總為一元。四體三心。合為一氣。奚必斷斷於一經一絡。節節而為之哉。

第六節　六要論

心與意合。意與氣合。氣與力合。內三合也。手與足合。肘與膝合。肩與胯合。外三合也。此為六合。左手與右足相合。左肘與右膝相合。左肩與右胯相合。右之與左亦然。以及頭與手合。手與身合。身與步合。孰非外合。心與眼合。肝與觔合。脾與肉合。肺與身合。腎與骨合。孰非內合。豈但六合而已耶。然此特分而言之也。總之一動而無不動。一合而無不合。五行百骸悉在其中矣。

第七節　七要論

頭為六陽之首。而為周身之主。五官百骸。莫不惟首是瞻。故身動頭不可不進也。手為先行。根基在膊。膊不進。則手却而不前矣。故膊貴於進也。氣聚中脘。機關在腰。腰不進。則氣餒而不實矣。故腰亦貴於進也。意貫周身。運動在步。步不進。而意則膛然無能為矣。故步尤貴於進也。以及上左必須進右。上右必須進左。其為七進。孰非為易於着力者哉。要之未及其進。合周身而毫無關動之意。一言其進。統全体而俱無抽扯游移之形。

〇第八節　八要論

身法為何。縱橫高低進退反側而已。縱則放其勢。一往而不返。橫則裹其力。開括而莫阻。高則揚其身。而有增長之意。低則抑其身。而有攢捉之形。當進則進。殫其身而勇往直冲。當退則退。領其氣而回轉伏斂。至於反身顧後。後即前也。側顧左右。左右豈敢當我。而要非拘拘焉為之也。察乎敵之強弱。運用吾之機關。有忽縱而忽橫。因勢而變遷。不可一概而推。有忽高而忽低。高低隨時以轉移。不可執格而論。時而宜進。故不可退而餒其氣。時而宜退。即當以退而鼓其進。是進固進也。即退而亦實賴以進。若反身顧後。而後亦不覺其為後。側顧左右。而左右亦不覺其為左右矣。總之機關在眼。變通在心。而握其要者。則本諸身。身而進。則四体不令而行矣。身而却。則百骸莫不冥然而退矣。身法顧可置而不論哉。

〇第九節　九要論

身之動也以步。步乃一身之根基。而運動之樞紐也。以故應戰對敵本諸身。所以為身底柱者。莫非步。隨機應變在於手。而所以為手之轉移者。亦在步。進退反側非步何以作鼓盪之機。抑揚俾縮。非步無以操變化之妙。所謂機關者在眼。變化者在心。而所以轉彎抹角。千變萬化。而不至於窘迫者何。莫非步為之司命耶。而要非勉強以致之也。動作出於無心。鼓舞出於不覺。身欲動。而步為之周旋。手將動而步亦為之催逼。不期然而然。莫之驅而驅。所謂上欲動而下自隨也。且步分前後。有定位者步也。然而無定位者。亦為步。如前步之進。後步之隨。前後自有定位。若以前步作後。後步作前。更以前步作後之前步。後步作前之後步。則前後亦自然無定位矣。總之拳乃論勢。而握要者為步。活與不活。固在於步。靈與不靈。亦在於步。步之為用大矣哉。

第二章　練習

武術以實驗為主。蓋其奧妙。必切實練習。方能有成。而其理論。亦不過如航行之指南耳。世間致用之學。在熟練。不在精巧。在實行。不在冥想。即聖門精一之傳。猶貴一心守約。况形意為運動之一道。絕非理想之所能得。故練習尚焉。然練習亦必有道。茲分節詳論於左。

第一節　練習之注意

練習之注意約分三期。一曰練習前之注意。二曰練習中之注意。三曰練習後之注意。練習之前。勿饑勿飽。勿構思。勿忿怒。蓋饑則無力。飽則傷胃。構思則腦易昏。忿怒則氣暴而易亂也。練習之中。勿談笑。勿唾涎。勿出虛恭。蓋談笑則神散而不凝。唾涎則喉乾而炎升。出虛恭則氣洩而力散矣。練習之後。勿飲食。勿排洩。勿卧。蓋飲食而易滯。排洩則氣潰。卧則氣抑而不疏矣。凡此三者。當熟記而不可忽也。

第二節　練習之法則

練習約有二法。一曰兩段之練習也。拳之每組。分為二段。第一段宜柔和徐緩。所以疏展筋骨。誘導氣力也。第二段宜剛猛迅速。所以發揚內勁。適於應用也。二曰三段之練習也。前段宜柔緩。中段宜剛猛。後段宜平和。如行文然。首段提綱挾領。包羅全局。筆勢緩而柔。寬而博。中間獨伸己見。議論縱橫。如長江大河。一瀉千里。後段結束上文。和平委宛。此文家之妙。而武術之練習亦何獨不然。以上二法精粗各自不同。前者粗。適於初學。後者精。適於久練。然無論何法。必以動作迅速。而間隔判然為宜。

第三節　專練

習拳術者。對己者十八。對人者十二。故曰壯身者其常。勝敵者其暫也。專言壯身。無論何拳。均可習練。至於勝敵。則形意專擅其長。且勝敵之道。貴精不貴多。勝一人用此勢。勝人人亦可用此勢。務博而荒。求繁而亂。身体無切磋之磨練。應敵無純熟之技藝。此兩失也。人情之所樂觀而致意者。在濃不在澹。在博不在約。在急不在緩。孤幹無枝之喬松。固不若鮮花翠柳之快意。迨經酷霜嚴雪。孰為後凋可斷言矣。形意多單勢。平時練習之正則也。

第四節　久練

深無止境。廣無涯涘者。惟拳術為然。得其淺者一人敵。得其最深者何嘗不可萬人敵也。習拳固宜虛心。而淺嘗輒止。忽作忽輟。亦不可望其深造。且形意拳尤不易為。數月已自可觀。十年亦非絕藝。淺者視之。容有後不如前。久不如暫者。蓋熟化之至。內力充外力縮也。非多歷年所。熟復而無間斷。未足以臻此極境。臻極境者。一由於虛心。一由於恒性也。論者恒謂拳術多私。每有請而不告。告而不盡者。夫豈其然。其心易滿者。或輕試而招禍。或好爭而欺人。自亡之媒也。其性無常者。一知半解。自視已足。朝興暮止。自謂已成。至於試之無效。不曰我師欺我。則曰所習已誤。不惟傳授失人。而拳術亦為一世所輕矣。豈私也哉。

岳氏意拳五行精義終

下編　緒　論①

第一章　岳武穆九要論②

器，上而通乎道；技，精而入乎神③。惟得天下之至正，秉天下之真精者，乃能窮神而入妙，察微而闡幽④。形意之用，器也，技也；形意之體，道也，神也⑤。器、技，常人可習而至；道、神，大聖獨得而明⑥。

岳武穆精忠報國，至正至剛，其浩然之氣，誠霈然充塞於天地之間，故形意之精，非武穆不能道其詳⑦。然全譜散佚，不可得而見，而豪芒流落，只此九要論而已⑧。吾儕服膺形意，得以稍涉藩園，獨賴此耳⑨。

此論都九篇，理要而意精，詞詳而論辯⑩。學者有志，朝夕漸摹，而一芥之細，可以參天，濫觴之流，泛為江海⑪。九論雖約，未始不可通微，合莫造室升堂也⑫。

【注釋】

①緒論：言論。此處指岳氏意拳的相關論述。與現代意義的「緒論」不同。

②岳武穆九要論：據考，「九要論」最早出現於一九一八年王俊臣、李劍秋校訂的《武術研究社成績錄》中。一九一九年，張桐軒以《武術研究社成績錄》為藍本編輯《形意古拳譜》（山西國民師範學校教材），收錄「九要論」，但文字有異。同年，李劍秋著《形意拳術》，稱「九要論」為「岳武穆形意拳術要論」和「交手法」，書中交代為民國四年（一九一五年）河南濟源鄭濂浦先生得自於其同鄉原作傑家。其後相繼問世的「九要論」有一九二八年凌善清《形意五行拳圖說》等版本。一九三四年董秀升《岳氏意拳五行精義》版本與山西國民

師範學校教材同。

③器，上而通乎道；技，精而入乎神：器，具體的物質性的東西、形態，簡言之就是器物層面。道，決定事物以何種方式存在、運行的抽象理論、原則和規律。技，指具體事物的運用，如練拳。

本句大意：形而下的「器」，其最優化的存在形態，已經顯露出道的統領作用；同屬形而下的「技」，比如拳法，修煉純熟後就讓人感覺進入了神奇莫測的感知領域。

④惟得天下之至正……察微而闡幽：唯有取得天下最純正、吸收了天下精華的東西（比如某種拳術），才能盡顯它的超凡奇異，並使它進入一種玄妙難測的狀態：道。道生神，而非器物生神。考察事物的微妙之處，推斷、揭示出它背後隱藏的玄機妙理。

⑤形意之用……神也：形（如身骸、四肢）與意（心念）的動作，屬於器與技的範疇；但形意的本體，卻屬於形而上的道、神。

⑥器、技……大聖獨得而明：器、技的修煉，平常人通過學習就可以掌握，而道與神，則只有大聖之人才能明瞭並且用於實踐。

⑦岳武穆精忠報國……非武穆不能道其詳：至正，極其正大。至剛，極其剛強。同「至大至剛」，形容人的「浩然之氣」極其廣大堅強。語出《孟子・公孫丑上》：「敢問何謂浩然之氣？曰：難言也。其為氣也，至大至剛，以直養而無害，則塞於天地之間。」「浩然之氣」指浩大剛正的精神。霈然，形容雨盛大的樣子。

本句大意：岳飛忠君死國，道德人格至剛至正，他胸中的浩然正氣以不可阻擋的磅礴氣勢充滿天地之間，因此，形意拳術的精華要妙，非岳飛不能詳盡說明、教誨。

⑧然全譜散佚……只此九要論而已：豪芒，豪毛的尖端，比喻極其細微，引申為精華、要點。

本句大意：但是，完整的拳譜已經散失，無法看觀，然而流落出來、殘存下來的片段、碎散精華，只剩這「九要論」了。

⑨吾儕服膺形意……獨賴此耳：儕，音ㄔㄞˊ，輩，類。膺，音ㄧㄥ，胸。服膺，（道理、格言等）牢牢記在心裡；衷心信服。藩，音ㄈㄢ，籬笆。圉，音ㄩˇ，同「圄」，禁，監獄。藩圉，引申為邊界、屏障，也比喻界域、境界，或用來指某一範疇。

本句大意：我們衷心熱愛形意拳，進入形意拳術的領域，就只有仰仗這殘存的「九要論」了。

⑩此論都九篇……詞詳而論辯：「九要論」共九篇，道理簡要，含義卻精深，語句眞切具體，論述雄辯高蹈。

⑪學者有志……泛為江海：芥，音ㄐㄧㄝˋ，小草。濫，浮起，浮現。觴，音ㄕㄤ，古代酒具。濫觴，比喻事物的起源、發端。

本句大意：想學它的人如果有志向，早晚揣摩，層層升進，（那麼你會看到、體驗到）；這裡面像一粒芥籽那樣微小的東西，都可（由此）推斷出天的高大（一葉知秋之意）；江河源頭的涓涓細流，漸漸都要氾濫成大江大河而匯歸大海。

⑫九論雖約……合莫造室升堂也：未始，猶沒有，未必。合，同「何」。合莫，為什麼不。本句大意：「九論」雖然言辭簡潔，篇幅短小，卻未嘗不可由此通達微妙之境，（既然如此，我們）為什麼不由此而登堂入室（得到岳飛的眞傳）呢！

第一節　一要論

散之必有其統，分之必有其合①。故天壤間眾類群儔紛紛者，各有所屬；千匯萬品攘攘者，自有其原②。蓋一本可散萬殊，而萬殊咸歸一本，乃事有必然者；且武事之論，亦甚繁矣③。要之，詭變奇化，無往非勢，即無往非氣，勢雖不類，而氣歸於一④。

夫所謂一者，從首至足，內之有五臟筋骨，外之肌肉皮膚、五官百骸，連屬膠聚而一貫者也⑤。擊之不離，牽之不散，上思動而下為隨，下思動而上為領，上下動而中節攻，中節動而上下和，內外相連，前後相需，所謂一貫，乃斯之謂，而要非強致襲為也⑥。適時為靜，寂然湛然，居其所而穩如山岳；直時為動，如雷如崩出也，忽而疾如閃電⑦。且宜無不靜，表裏上下，全無參差牽掛之累；宜無不動，左右前後，概無遁倍猶豫之部⑧。洵若水之就下，沛然莫禦⑨。炮之內發，疾不掩耳⑩。無勞審度，無煩酌辨，不期然而然，莫之致而致，是豈無故而云？

然乃氣以日積而見益，功以久練而方成⑪。揆聖門一貫之傳，必俟多聞強識之後，豁然之境，不廢鑽仰前後之功⑫。故事無難易，功惟自盡，不可躐等，不可急遽，歷階以升，循序而進，而後官骸肢節自能通貫，上下表裏不難聯結⑬。庶乎散者統之，分者合之，四體百骸，終歸一氣而已⑭。

【注釋】

①散之必有其統，分之必有其合：統，事物的連續關係，總括。

本句大意：天下萬物，人間萬事，果必有因，因必依緣。人、事、物，四散開去，一定有一個統領因素（使得它們這樣），分離之後，一定會有和合（也是有一個主宰性的動因讓它們會這樣）。

②故天壤間衆類群儔紛紛者……自有其原：儔，音ㄔㄡˊ，同類，輩。群儔，指許多人。攘攘，形容紛亂擁擠的樣子。

本句大意：因此（可以推斷、研判），天地間萬事萬物接連不斷地、亂哄哄地向一起集聚，其實它們各自都有所統屬；千萬個（種）具體事物看似混亂不堪，其實自有它的緣由。

③蓋一本可散萬殊……亦甚繁矣：殊，異，不同。咸，全，都。

本句大意：大概是這樣，一種根源性、基礎性的東西（形而上），可以分解成千千萬萬種不同形式、形態，而這千千萬萬種不同形式、形態，最後都可以歸聚到前述那種根源性、基礎性的東西下面（或裡面），這就是事物具有一定會這樣發展的原因和必然性。再說到武術（拳術）之類的事，也夠繁亂瑣雜了。

④要之……而氣歸於一：但它的緊要之處（卻在於）：儘管呈現千變萬化、詭異神奇、明暗交纏、深淺難測的種種狀況，但抓住最關鍵的線索就可觀察到這種種狀況其實不過是一種「勢」（趨勢、態勢）的呈現、運動，實際上也就是一種根本原理。趨勢、形態雖然各有不同，卻都受制於那個根本原理，就是「一」（氣聚而為「一」，「一」散而為氣），就是「道」。

⑤夫所謂一者……連屬膠聚而一貫者也：所說的這個「一」（是什麼呢？），從頭到腳（構成全身），裡面有五臟六腑、筋脈、骨髓，外面有肌肉、皮膚、五官（眼、耳、鼻、舌、身）、百骸（頭髮、四肢、骨節等部位），它們全都相互關聯，不可分割，（從而）形成一個有機的統一體，而「一」，也就是大腦神經中樞系統（也可稱「心」）指揮、控制著這個有機統一體的運動（比如動、靜、進、退等）。

配合義。

⑥擊之不離……而要非強致襲為也：「攻」與「和」，詞異，義同，均為配合義。

本句大意：這種指揮、控制能力（如視覺、聽覺等官能的反應、心理的穩定、意識認知的清醒等），在身體受到敵方直接攻擊時，不會降低；在受到外敵、外力的引誘、謀詐等複雜因素作用時，也不會減弱（「離」指慌亂，「散」指猶豫）。上面（心、大腦）想動了，下面（手、腳、身等部分）就自然而然跟隨著動起來；手腳想動的時候，也必然要服從於心意的指令（力出於拳，拳制於意，意出動拳，拳動力隨，也就是意到拳到力到）；上節、下節動了，中節要自然而然緊密配合到位；中節動了，那上節、下節就自然而然地予以配合、助力，（這樣就）裡外相互聯繫，前後相互照應，上下相互支援，所說用「一」來貫穿、控制整個身體以及它的各個部位，指的就是這種情況、狀態。它的要點在於：不是（要）盲目地、勉強地、無準備地進入搏擊（而是主動、自然而動、謀定而動，在遭遇突襲的情況下也是如此）。

⑦適時為靜……忽而疾如閃電：（拳術、拳法、拳技修煉到如此高境界時，即近於得道——拳道，自然就可以做到）當需要靜止時，安閒舒張（但反應能力並無絲毫衰減），站或坐在那裡像大山一樣安穩；當需要動時，則如驚雷忽炸，爆發力暫態迸出，快如閃電，目不及睹，意不及防。

⑧且宜無不靜……概無遁倍猶豫之部：倍：通「背」，違反，違背。

本句大意：並且，（人的身體鍛鍊成一個有機統一的整體後）需要靜下來時，就應該也能夠全部都靜下來，全身上下裡外沒有哪個部分會程度不一、速度不齊地拖累全體；需要動起來時，身體的所有組成部分都會自然而然地跟隨著動起來，前後、左右、上下，大概都不會有逃避、違背、猶豫不決的部分。

⑨洵若水之就下，沛然莫禦：洵，實在。

本句大意：（這就形成了一個有機聯動的統一體）實在像水流低凹那樣自然合道，氣勢磅礴，沒有任何力量可以阻擋。

⑩炮之內發，疾不掩耳：大炮（喻打擊力、攻擊力）從隱蔽處發射出，像

平地炸雷，（讓你）來不及捂住耳朵。

⑪無勞審度……功以久練而方成：（這個道理，你）不用費力地審視、揣摩，不用煩心地去斟酌、辨別、辨識（就會明白），不想這樣，它卻就這樣了；不盼它到來，它卻自己到來了，（這話、這個道理）難道是無緣無故說出來的嗎？這實際上是「氣」將身體結成一個有機整體，然後受制於某種規律、原則，接受它的指揮、調度的狀態，經過不斷的積累修為而一天比一天增強，（這門功夫）需要長久練習才能達到成功。

⑫揆聖門一貫之傳……不廢鑽仰前後之功：揆，音ㄎㄨㄟˊ，揣測。

本句大意：要想度測聖人（岳飛）門派裡的傳授，一定是要等到聽得多了、看得廣了、理解得深了以後，終於洞察了、明白了、準確而深刻領悟了聖人這種拳術的奧妙，（才）不會辜負自己的崇敬和努力思索、探究的功夫。

⑬故事無難易……上下表裡不難聯結：躐，音ㄌㄧㄝˋ，超越等級，不按次序。遽，音ㄐㄩˋ，急，倉促。

本句大意：因此，事情（比如學拳）沒有什麼難和易，成功（練好拳）只在於自己盡了全力；（修煉過程中）不要超越功法的層級（要按要求一層一層、一級一級、循序漸進地煉），不要急於求成，要一個臺階一個臺階地上，按規定順序練習，這樣做了以後，身體的各個部分自然就能夠相連通、互相配合，身體上下、內外各部分不難有機聯結而成為一個統一整體。

⑭庶乎散者統之……終歸一氣而已：庶，差不多，近於。

本句大意：這差不多就做到了：身體的各個組成部分連接、貫通、統一起來；不聽統一指揮的（比如大腦命令手腳並動，而手動腳不動等情況）就把它們整合到統一體中。（總之）五官、手腳、腰胯、五臟六腑、筋骨、皮膚、肌肉等身體的各個組成部分，最後都要整合為一個受某規律、原則指揮控制的有機統一整體罷了。

第二節　二要論

論捶①，而必兼論氣②。夫氣主於一，實分為二。所謂二者，即呼吸也。呼吸即陰陽也。陰陽即清濁也。

捶不能無動靜；氣不能無呼吸。吸則陰，呼則陽；靜者陰，動者陽。上升為陽，下降為陰。蓋陽氣上升而為陽，氣下降而為陰③；陰氣下行而為陰，陰氣上行而為陽。此陰陽之分也。何謂清濁？升而上者為清，降而下者為濁。清氣上升，濁氣下降。清者為陽，濁者為陰。要之，陽以滋陰，陰以滋陽，統言為氣，分言為陰陽。

氣不能無陰陽，即人不能無動靜，口④不能無呼吸，鼻⑤不能無出入，乃對待循環者。然則氣分為二，實主於一，學貴神通，慎勿膠執⑥。

【注釋】

①捶：擊打，拳擊，包括掌擊、腿踢等技擊，在此指拳術。

②氣：本節中的「氣」指天地陰陽精華之氣，也指五穀之氣，武術中特指這些吸入的氣經五臟六腑沿經絡循環全身，最後在丹田（臍下）凝聚成「眞氣」「元氣」，再隨著人的舉止動作引導至各個部位，如頭髮、手指、肘部等，已非常人的呼吸之氣了。

③氣下降而為陰：原文誤作「氣下降而為陰」，據保定本當為「陽氣下降而為陰」。

④口：口為地戶，主呼氣。

⑤鼻：鼻為天門，主吸氣。

⑥膠執：固執；堅持。指認死理，不知變通。

第三節 三要論

夫氣本諸身，而身之節無定處。三節者，上中下也。身則頭為上節，身為中節，腿為下節；頭則天庭①為上節，鼻為中節，海底②為下節；中節則胸為上節，腹為中節，丹田為下節；下節則足為稍③節，膝為中節，胯為根節；肱④則手為梢節，肘為中節，肩為根節；手則指為梢節，掌為中節，掌根為根節；足例是。故自頂至足，莫不各有三節也。要之，若無三節之所，即無著意之處。蓋上節不明⑤，無依無宗；中節不明，渾身是空；下節不明，動輒⑥跌傾。顧可忽⑦乎哉。故氣有所發，則梢節動，中節隨，根節催⑧。

然此乃按節分言者，若合而言之，則上自頭頂，下至足底，四體百骸，總為一節，夫何三節之有，又何各有三節之足云？

【注釋】

①天庭：額。

②海底：頦。

③稍：「稍」同「梢」。後同。

④肱：手臂。

⑤明：指上節與中節、下節不能連貫。

⑥輒：音ㄓㄜˊ，總是，就。

⑦忽：輕視。

⑧催：送力，助力。

第四節　四要論①

試于論身、論氣之外，而進論夫梢者焉。夫梢者，身之餘緒②也。言身者初不及此，言氣者亦屬罕論。捶以內而外發，氣由身而達梢，故氣之用，不本諸身③，則虛而不實，不形諸梢，則實而仍虛。梢亦烏可不講。然此特身之梢耳，而猶未及乎氣之梢也。

四梢為何？髮其一也。夫髮之所係，不列於五行，無關乎四體，似不足立論，然髮為血之梢，血為氣之海，縱不必本論諸髮以論氣，要不能離乎血而生，氣不離乎血，即不得不兼及乎髮，髮欲衝冠，血梢定矣。

抑舌為肉梢，而肉為氣之囊，氣不能形諸肉之梢④，即無以充其氣之量，故必舌欲催齒⑤，而後肉梢足矣。至於骨梢者，齒也。筋梢者，指甲也。氣生於骨，而聯於筋，不及乎齒即未及乎筋之梢，而欲足乎爾者，要非齒欲斷筋、甲欲透骨不能也。果能如此，則四梢足矣。四梢足，而氣自足矣。豈復有虛而不實，實而仍虛者乎？

【注釋】

①本節為「四要論」，所說導引「氣」的運行，是武術（而非中醫、道德家的）的氣功功法。重點介紹要把體內之氣引導至身體的「四梢」：肉皮表層、頭髮、牙齒、指甲，所謂意到、氣到、力到，增強擊打力度。

②餘緒：邊際，末梢。

③不本諸身：不以身為本。

④形諸肉之梢：在肉皮表層顯現出來。

⑤舌欲催齒：舌有氣，齒便有威。

第五節　五要論

拳者，即捶以言勢，即勢以言氣①。人得五臟以成形，即由五臟而生氣。五臟者，心、肝、脾、肺、腎，乃性之源、氣之本也。心為火而象炎上，肝為木而形曲直②，脾為土而勢乃敦厚，肺為金而有從革之能，腎為水而有潤下之功，此乃五臟之義。

而有準之於氣者，皆各有所配合焉，乃論武事所不可離者。其在內也，胸位肺，乃五臟之華，故肺動而諸臟不能靜；兩乳之中位心，而護以肺，蓋心居肺之下、胃之上，心為君火，心動而相火無不奉合焉；兩脅之間，左為肝，右為脾；背脊骨十四節，皆為腎位，分五臟而總係於脊，脊通身骨髓，而腰為兩腎之本位，故腎為先天第一，尤為諸臟之原。故腎水足而金、木、水、火、土咸有生機。

然五臟之存於內者，雖各有定位，而機能又各具於周身：領、頂、腦、骨、背皆腎也，兩耳亦為腎；兩唇兩腮皆脾也；兩髮③則為肺。天庭為六陽④之首，而萃五臟之精華，實頭面之主腦，不啻⑤為一身之座督⑥矣；印堂者陽明⑦胃氣之衝，天庭性起，機由此達，生發之氣，由腎而達於六陽，實為天庭之樞機也；兩目皆為肝，細繹之上包⑧為脾，下包為胃，大角為心經，小角為小腸，白則為肺，黑則為肝，瞳則為腎，實為五臟精華所聚，而不得專謂之肝也；鼻孔為肺；兩頤為腎；耳門之前為膽經，耳後之高骨亦腎也；鼻為中央之土，萬物資生⑨之源，實為中氣之主也；人中乃血氣之會，上沖印堂達於天庭，而為至要之所，兩唇之下為承漿，承漿之下為地閣，上與天庭相應，亦腎位也。

領頂、頸項者，五臟之導途，氣血之總會，前為食氣出入之道，後為腎氣升降之途，肝氣由之而左旋，脾氣由之而右旋，其係更重，而為周身之要領。兩乳為肝，肩窩為肺，兩肘為腎，四肢為脾，兩肩膊皆為脾，而十指則為心肝脾肺腎，膝與脛皆腎也。兩腳根⑩為腎之要，湧泉為腎穴。大約身之各部，突者為心⑪，陷者為肺⑫，骨之露處皆為腎，筋之連處皆為肝，肉之厚處皆為脾。象其意，則心如猛虎，肝為箭，脾氣暴發似雷電，肺經翕張性空靈，腎具伸縮動如風。其用為經⑬，制經為意，臨敵應變，不識不知，手足所至，若有神會，洵非筆墨所能預述者也。

至於生剋治化⑭，雖有他編，而究其要領，自有統會，五行⑮百體⑯，總為一元，四體⑰三心⑱，合為一氣，奚⑲必斷斷⑳於一經一絡，節節而為之哉？

【注釋】

①即捶以言勢，即勢以言氣：擊打就是一種勢的表現，勢就是氣的運行。

②肝為木而形曲直：肝，五行中屬木，其功能可作用於眼。擊打肝部，眼就會受損；擊打眼，肝就會受傷。其餘內臟與體外各器官、部位也是如此。修煉增強肝的功能，眼就明亮，反應就快，功能也隨之增強。

③髮：原文「髮」誤，據文意當作「鬢」。

④六陽：「五臟」為陰性，「六腑」為陽性，故稱「六陽」。

⑤啻：音彳，不異於。

⑥座督：主座。

⑦陽明：指體內一種陽性經脈、絡脈系統，相互纏聯、作用，難以譯釋，只能體認。

⑧上包：即「上胞」「上瞼」，人體部位名。其上界為眉，下界為上瞼之眼弦。

⑨資生：賴以生長；賴以為生。

⑩根：古同「跟」。後不另注。

⑪為心：與心相聯。

⑫為肺：與肺相關。

⑬經：綱領。

⑭生剋治化：相生、相剋、相合、相折。

⑮五行：指四肢身幹。

⑯百體：指所有部位。

⑰四體：指四肢。

⑱三心：指手心、腳心、腦頂心。

⑲奚：何。

⑳斷斷：拘泥。

第六節　六要論

心與意合，意與氣合，氣與力合，內三合也①；手與足合，肘與膝合，肩與胯合，外三合也。此為六合。

左手與右足相合，左肘與右膝相合，左肩與右胯相合，右之與左亦然。以及頭與手合，手與身合，身與步合，孰非外合？心與眼合，肝與筋合，脾與肉合，肺與身合，腎與骨合，孰非內合？豈但六合而已耶？然此特分而言之也，總之一動而無不動，一合而無不合，五行百骸悉在其中矣。

【注釋】

①心與意合……內三合也：心，是已動未動、未動已動之「心」，即隨時

準備對外來刺激做出適宜反應的心。意，是由心中產生出來的認知、判斷、決策。氣，是隨心意動靜而即時跟隨而行的、有具體指向性的意志元素，是一種無形的攻擊力。力，是肌肉、血脈、精神合成的一種能量。以上「心、意、氣、力」四合一，即武術家的拳擊過程。

另外，「內三合」「外三合」是從不同層面、不同角度來說的，其實無所謂內合、外合，因為它們都是由一個統一的有機整體發揮作用的，都只是「一合」，「一合」包括「萬合」，一合而無不合，無不合而一合。

第七節 七要論

頭為六陽之首，而為周身之主，五官百骸，莫不惟首是瞻，故身動頭不可不進也；手為先行，根基在膊，膊不進，則手卻而不前矣，故膊貴於進也；氣聚中腕，機關在腰，腰不進則氣餒而不實矣，故腰亦貴於進也；意貫周身，運動在步。步不進而意則瞠然①無能為矣，故步尤貴於進也。以及上左必須進右，上右必須進左，其為七進。

孰非為易於著力者哉？要之，未及其進，合周身而毫無關動之意。一言其進，統全體而俱無抽扯游移②之形。

【注釋】

①瞠然：驚視的樣子。瞠，音ㄔㄥ。

②抽扯游移：反應慢、亂、疑、弱。

第八節　八要論

身法為何？縱橫、高低、進退、反側而已①。縱則放其勢，一往而不返；橫則裹其力，開括而莫阻；高則揚其身，而有增長之意；低則仰其身，而有撲捉之形；當進則進，彈其身而勇往直衝；當退則退，領其氣而回轉伏斂；至於反身顧後，後即前也，側顧左右，左右豈敢當哉？而要非拘拘焉為之也②。察乎敵之強弱，運用吾之機關，有忽縱而忽橫，因勢而變遷，不可一概而推；有忽高而忽低，高低隨時以轉移，不可執格而論③。

時而宜進，故不可退而餒其氣；時而宜退，即當以退而鼓其進，是進固進也，即退而亦實賴以進④。若反身顧後，而後亦不覺其為後；側顧左右，而左右亦不覺其為左右矣⑤。

總之，機關在眼，變通在心，而握其要者則本諸身，身而進，則四體不令而行矣；身而卻，則百骸莫不冥然而退矣⑥。身法顧可置而不論哉⑦。

【注釋】

①身法為何？縱橫、高低、進退、反側而已：身法是什麼？就是縱向、橫向，升高、降低，前進、後退，反向、側轉。

②縱則放其勢……而要非拘拘焉為之也：直面敵人攻擊時，要爆發出全部能量（動能、衝擊力），這種衝擊攻勢一旦發出就無法收回（返）。橫向擊打時，一定要能控制其力度（的弱強、大小，因為橫向擊打由於自身與敵手的角度差，比縱向打擊要弱），出擊和回縮要靈活自制。抬高身位，可增加打擊力度和氣勢。放低身位，下低上仰，在積累力勢後一躍而起，主動近身搏敵。

與敵對搏，該前進時就要前進，並且要像被彈簧彈射出一樣，有迅雷不及掩耳之勢；應該後退避敵鋒芒時就要後撤，但是要在有充分準備的情況下斂氣收身，並隨時警覺以備敵襲。至於在具體搏擊過程中，需要回身、轉體，也要牢記並實踐，我自己面向前，前是前頭；我一旦面向後，這個「後」也就變成了「前」；左右轉側也一樣，我正身面向之處就是「前」（總有準備），因此，無後、無左、無右，都是「前」（敵人所在處）。

具體搏擊過程中，不但要將正身面向之處視為「前」，身後背向之處也要視為「前」。總之，（搏擊過程中攻防手段運用的）要點在於，不要拘泥地做（而要知變、制變、適變，隨時靈活調整攻防的力度、速度、角度及其他維度，以應對搏鬥過程中瞬息萬變的形勢）。

③察乎敵之強弱……不可執格而論：觀察、分析、瞭解敵人實力的強弱，充分利用自己的智略、膽勇，以及對搏擊最高原則的深刻理解、嫻熟掌握等優勢，居中執權，靈活機動，與敵周旋。（比如）我突然做出縱向攻擊敵人正面的趨勢，實際卻攻擊了他的側面（讓敵人防不勝防），這些技法，都是隨形勢的變化而變化，因地制宜，因時制宜，因勢制宜，沒有一定之規，不可以把一些技法作為死教條，不分時機、不分對象地照搬到底，一點不知變通。（在具體搏擊過程中），有時候我需要抬高身位，那就抬高身位；有時候我做出抬高身位的樣子，結果卻是壓低了身位（讓敵人誤判，摸不著頭腦，窮於應付），身位的高低、傾仰、側內等要做到根據不同形勢而靈活自如地轉換，不可把某種技法當作死教條看待。

④時而宜進……即退而亦實賴以進：有時，形勢適宜你出擊，那你就不要

（不許）撤步退身、猶豫不決，因為這樣會耗散、減弱你攻擊的力度和氣勢。有時，形勢需要你由攻轉防，由進變退，那你就應該有準備、有策略地後退以積累力勢，伺機而攻。進是進，退也是進，退是為了更好地進。

⑤若反身顧後……而左右亦不覺其為左右矣：當你回身防後、攻後，那麼，這個「後」就自然而然不是「後」了（而是前）；身體左轉、右轉時，左右也就自然而然不是左右了（也是前，即你攻防的目標）。

⑥總之……則百骸莫不冥然而退矣：總起來說，拳術技擊的關鍵、樞要在於眼（感覺、感知、觀察到目標對象及周圍環境不斷變化的形態、趨勢，察知敵方攻擊的方向、角度、速度、力度），應變、適變、制變的能力在於心意（即大腦神經中樞）。

掌握了拳法奧妙、技擊法則的拳手，是要將這種奧妙、法則貫徹地運用於全身，使它成為一個被這種奧妙、法則控制的有機統一整體。如此，身軀要向前進擊，那麼雙手、雙足及其他組成部分，不用給它們下指令，它們就會自然而然跟隨、配合著身軀行動；身軀需要退的時候，那麼身體的所有組成部分就都會自然而然跟隨、配合著退下來。

⑦身法顧可置而不論哉：（說了以上這些），拳術中的身法技巧你還（認為其不重要）放棄到一邊，不予討論嗎？

第九節　九要論

身之動也以步。步乃一身之根基，而運動之樞紐①也。以故應戰對敵，本諸身，所以為身底柱②者，莫非步；隨機應變在於手，而所以為手之轉移者，亦在步；進退反側，非步何以作鼓盪之機；抑揚伸縮③，非步無以操變化之妙。所謂機關者在眼，變化者在心，而所以轉彎抹角、千變萬化，而不至於窘迫者何？莫非步為之司命④耶。而要非勉強以致之也。

動作出於無心，鼓舞出於不覺，身欲動而步為之周旋，手將動而步亦為之催逼，不期然而然，莫之驅而驅，所謂上欲動而下自隨也。且步分前後，有定位者步也，然而無定位者亦為步。如前步之進，後步之隨，前後自有定位，若以前步作後，後步作前，更以前步作後之前步，後步作前之後步，則前後亦自然無定位矣。

總之，拳乃論勢，而握要者為步。活與不活，固在於步；靈與不靈，亦在於步。步之為用大矣哉。

【注釋】

①樞紐：指主門戶開合之樞與提繫器物之紐。比喻事物的關鍵或相互聯繫的中心環節。

②底柱：也作「砥柱」，山名，在三門峽黃河急流中，其形如柱。喻中堅人物或力量所起的支柱作用。

③抑揚俾縮：原文「抑揚俾縮」誤，據保定本當為「抑揚伸縮」。抑揚伸

縮，抑制、揚長、伸展、收縮。
④司命：主宰、主掌。

第二章　練　習

武術以實驗為主，蓋其奧妙，必切實練習方能有成，而其理論，亦不過如航行之指南耳。

世間致用之學，在熟練，不在精巧，在實行，不在冥想，即聖門精一之傳，猶貴一心守約，況形意為運動之一道，絕非理想之所能得，故練習尚焉，然練習亦必有道。茲分節詳論於左。

第一節　練習之注意

練習之注意約分三期：一曰練習前之注意；二曰練習中之注意；三曰練習

後之注意。

練習之前，勿饑勿飽，勿構思，勿忿怒，蓋饑則無力，飽則傷胃，構思則腦易昏，忿怒則氣暴而易亂也。

練習之中，勿談笑，勿唾涎①，勿出虛恭②，蓋談笑則神散而不凝，唾涎則喉乾而炎升，出虛恭則氣洩而力散矣。

練習之後，勿飲食，勿排洩，勿臥，蓋飲食而易滯，排洩則氣潰，臥則氣抑而不疏矣。

凡此三者，當熟記而不可忽也。

【注釋】

①唾涎：唾液，口水。涎，音ㄒㄧㄢˊ。

②虛恭：屁的雅稱。

第二節　練習之法則

練習約有二法：一曰兩段之練習也。拳之每組，分為二段。第一段宜柔和、徐緩，所以疏展筋骨，誘導氣力也；第二段宜剛猛迅速，所以發揚內勁，適於應用也。

二曰三段之練習也。前段宜柔緩，中段宜剛猛，後段宜平和。如行文然，首段提綱挾領①，包羅全局，筆勢緩而柔，寬而博；中間獨伸己見，議論縱橫，如長江大河，一瀉千里；後段結束上文，和平委宛。此文家之妙，而武術之練習亦何獨不然。

以上二法精粗各自不同，前者粗，適於初學，後者精，適於久練，然無論何法，必以動作迅速而間隔判然為宜。

【注釋】

①提綱挈領：綱，漁網的總繩；挈，通挈，提起。抓住漁網的總繩，提住衣服的領子。比喻抓住要領，簡明扼要。

第三節 專 練①

習拳術者，對已②者十八，對人者十二。故曰：壯身者其常，勝敵者其暫也。專言壯身，無論何拳，均可習練。至於勝敵，則形意專擅其長；且勝敵之道貴精不貴多，勝一人用此勢，勝人人亦可用此勢。務博而荒，求繁而亂。身體無切確之磨練，應敵無純熟之技藝，此兩失也。

人情之所樂觀而致意者，在濃不在澹，在博不在約，在急不在緩。孤幹無枝之喬松，固不若鮮花翠柳之快意，迨經酷霜冒嚴雪，孰為後凋？可斷言矣。形意多單勢，平時練習之正則也。

【注釋】

①專練：《武術研究社成績錄》注有「專練、久練二篇乃廣宗杜之堂所作，今將原文錄下，以資參。」

②已：原文誤作「己」，據文義當為「已」。

第四節　久練

深無止境，廣無涯涘者，惟拳術為然。得其淺者一人敵，得其最深者何嘗不可萬人敵也。習拳固宜虛心，而淺嘗輒止，忽作忽輟，亦不可望其深造。且形意拳尤不易為，數月已自可觀，十年亦非絕藝。淺者視之，容有後不如前，久不如暫者。

蓋熟化之至，內力充，外力縮也，非多歷年所，熟復而無間斷，未足以臻此極境；臻極境者，一由於虛心，一由於恒性也。論者恒謂拳術多私，每有請而不告、告而不盡者，夫豈其然！

其心易滿者，或輕試而招禍，或好爭而欺人，自亡之媒也。其性無常者，一知半解，自視已足，朝興暮止，自謂已成，至於試之無效，不曰我師欺我，則曰所習已誤。不惟傳授失人，而拳術亦為一世所輕矣，豈私也哉。

岳氏意拳五行精義終

五行連環拳譜合璧①

深州李存義口述
廣宗杜之堂②編錄

【注釋】

①《五行連環拳譜合璧》：此書為形意「五行拳譜」與「連環拳譜」合集，故曰「合璧」（以下簡稱杜本）。文字採用鉛印，圖例採用木版，兩者拼接印製，刊行於中華武士會早期。封面署「澄庵自製」，「澄庵」疑為杜之堂；書末鈐有「中華武士會版權」方形章。

中華武士會成立後，武術教育由師徒傳授改為課堂教育。在直隸教育司的支持宣導下，其在天津成立了多家傳習所，在京成立了尚武學社，在日本東京成立了中華武士會分會，社會影響巨大。由李存義口述、杜之堂編錄、閻子陽繪圖，印製了形意拳系列拳械譜，供教學之用。這些教材大多以石印發行，亦有鉛印本，對形意拳的傳播起到推動作用。

一九一八年，由王俊臣、李劍秋校訂，張桐軒編輯的《武術研究社成績錄》（簡稱保定本）在保定軍官學校刊行。是書「以岳武穆拳譜為基準，以李忠元口述之拳譜、孫氏形意拳學為參考」，多收錄李存義武學。

一九一九年，張桐軒於山西國民師範學校任教，據此印行《形意古拳譜》《拳術講義》兩部（簡稱山西本）。

一九二〇年，王俊臣執教於雲南省立第一中學，印行《岳氏武技彙編》（雲南開智印刷公司代印）。三地書籍內容基本相同，惟《岳武穆九要論》版本不一。

一九三四年，董秀升出版《岳氏五行十二行精義》（簡稱董本），從內容上看，源於以上書籍。

②杜之堂：字顯閣（一八六九——一九二八年），河北廣宗縣杜家莊人。自幼聰慧，刻苦讀書，閒暇時向父親杜老齡學習拳術。光緒二十三年（一八九七年），舉拔貢，遊學保定，受業蓮池學院主講吳汝綸。因學習成績優異，尚寫一手好字，深得吳汝綸喜愛，被稱為高才生。光緒二十八年（一九〇二年），吳汝綸赴日本考察學制，帶杜之堂入日本早稻田大學學習法政。宣統元年（一九〇九年）舉貢會考，杜之堂被任命為廣東某縣知縣，掌秘書書牘。民國成立後，棄官

歸鄉，後寓居天津，受聘於北洋法政專門學校。

杜之堂性古樸，不與俗諧，坎坷終身。寓居天津期間，除讀書、講學、充律師外，每遇星期日便召集同鄉青年至寓所，義務講學，培育後代。杜之堂對歷代書法頗有研究，造詣深厚，苦摹柳公權之書，以玄秘塔之字為楷模，舉數十年之功，深得其精髓，其行草堪稱一絕，獨成一派。

當時，天津有四大書法家之說，杜之堂位列其中。杜之堂文武雙全，武學造詣精深，李存義口述的形意拳械譜多由其編錄，如《五行連環拳譜合璧》《三十六劍譜》《八字功譜》《梅花劍譜》《飛躍劍譜》等。

五行連環拳譜合壁　目錄

五行拳譜

第一章　總論

深州李存義口述
廣宗杜之堂編錄

第一節　五行解

五行者、金木水火土也。內有五臟、外有五官、皆與五行相配。心屬火、脾屬土、肝屬木、肺屬金、腎屬水。此五行之隱於內者。目通肝、鼻通肺、舌通心、耳通腎、人中通脾。此五行之著於外者。五行有相生之道焉。金生水、水生木、木生火、火生土、土生金。又有相克之義焉。金克木、木克土、土克水、水克火、火克金。五行見於洪範、而漢儒借之以解經。後人每譏其於義無取、而生克之理究不爲不當也。拳之以是取名、用以堅實其內、整飭其外、取相生之道、以爲平時之習練、取相克之義、以爲對手之破解云爾、非必沾沾於古說也。

第二節　五拳解

崩、鑽、劈、礮、橫、五拳之名稱也。崩拳之形似箭、性屬木。礮拳之形似礮、性屬火。橫拳之形似彈、性屬土。劈拳之形似斧、性屬金。鑽拳之形似電、性屬水。由相生之說論之、故橫拳能生劈拳、劈拳能生鑽拳、鑽拳能生崩拳、崩拳能生礮拳、礮拳能生橫拳也。萬物生於土、故橫拳能生各拳。由相克之說論之、故劈拳能克崩拳、崩拳能克橫拳、橫拳能克鑽拳、鑽拳能克礮拳、礮拳能克劈拳也。

第三節　四梢說

人有血肉筋骨、血肉筋骨之末端、曰梢。蓋髮爲血梢、舌爲肉梢、爪爲筋梢、牙爲骨梢。四梢用力、則可變其常態、而令人畏懼焉。

一　血梢

怒氣塡膺、豎髮衝冠、血輪速轉、敵膽自寒、毛髮雖微、摧敵何難。

二　肉梢

舌捲氣降、雖山亦撼、肉堅比鐵、精神勇敢、一舌之威、落魄喪膽。

三　筋梢

虎威鷹猛、以爪爲鋒、手攫足踢、氣力兼雄、爪之所到、皆可奏功。

四　骨梢

有勇在骨、切齒則發、敵肉可食、皆（眥）裂目突、惟牙之功、令人恍惚。

第四節　八字訣

四梢之外、又有八字、拳勢一站、八字具備、皆所以蓄力養氣、使敵我者失所措也。此亦五行拳所特有者。八字之名稱、一曰頂、二曰扣、三曰圓、四曰毒、五曰抱、六曰垂、七曰曲、八曰挺。而八字又各有三事、都二十四事、分述之如左：

一　三頂

頭上頂有衝天之雄、手外頂有推山之功、舌上頂有吼獅吞象之容、是謂三頂。

二　三扣

肩扣則氣力到肘、掌扣則氣力到手、手足指扣則周身力厚、是謂三扣。

三　三圓

脊背圓則力催身、前胸圓則兩肱力全、虎口圓則勇猛外宣、是謂三圓。

四　三毒

心毒如怒狸攫鼠、眼毒如覷兎之飢鷹、手毒如捕羊之餓虎、是謂三毒。

五　三抱

丹田抱氣、氣不外散、膽量抱身、臨變不變、兩肱抱肋、出入不亂、是謂三抱。

六　三垂

氣垂則氣降丹田、肩垂則肩催肘、前肘垂則兩肱自圓、是謂三垂。

七　三曲

兩肱宜曲、曲則力富、兩股宜曲、曲則力湊、手腕宜曲、曲則力厚、是謂三曲。

八　三挺

挺頸則精氣貫頂、挺腰則力達四梢、挺膝則氣恬神壹、是謂三挺。

第二章　分論

第一節　開勢

五行拳用法最精密、由身而肩、而肱、而手、而指、而股、而足、而舌、而肛門、莫不有說焉、分條列之於左、

一　身

前俯後仰、其勢不勁、左側右欹、皆身之病、正而似斜、斜而似正。

二　肩

頭欲上頂、肩須下垂、左肩成坳、右肩自隨、身力到手、肩之所為。

三　肱

左肱前伸、右肱在肋、似曲不曲、似直不直、曲則不遠、直則少力。

四　手

右手在脇、左手齊心、後者微塌、前者力伸、兩手皆覆、用力宜多均。

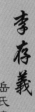

五 指

五指各分其形、似鈎、虎口圓開、似剛似柔、力須到指、不可强求。

六 股

左股在前、右股後撑、似直不直、似弓不弓、雖有支絀、每見雞形。

七 足

左足直出、欹側皆病、右足勢斜、前踵對脛、二尺距離、足指扣定。

八 舌

舌爲肉梢、捲則氣降、目張髮立、丹田愈壯、肌肉如鐵、內堅腑臟。

九 肛

提起肛門、氣貫四梢、兩骸繚繞、臀部肉交、低則勢散、故宜稍高。

第二節 劈拳

一 路線

形意與諸拳不同者、前脚先進後脚必跟也拳之用也宜速進前脚則便捷靈敏必能取勝拳之進也宜猛跟後脚則氣催身往必不可當不惟劈拳然也劈拳之路線三步爲一組前脚進爲一後脚進爲二既進之脚復跟爲三如下圖

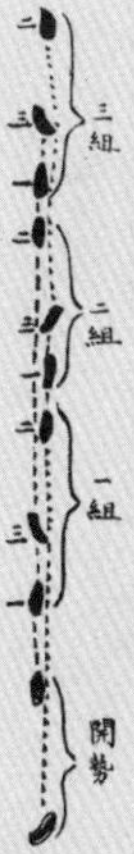

開勢不惟五拳開始用之各拳用者甚夥宜熟讀九歌以自練習

開勢圖

二 起勢

兩手緊握同變陽拳拳從口出小指翻天高不過肩力垂左肩後拳隨出肘置胸前眼平舌捲氣降丹田

起勢圖

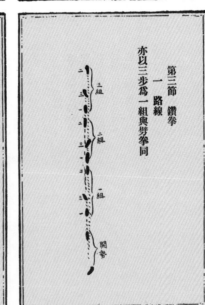

第三節　鑽拳

一　路線

亦以三步爲一組與劈拳同

二　起勢

左脚前進左掌翻陽掌凹肱曲如弓斯張右掌握拳仰置肋旁眼觀前手銳氣發揚速接落勢乃不能防

起勢圖

三　落勢

前脚先開後脚大進脚手齊落推挽兩迅後脚斜跟前脚仍順指開心齊後手脇近脚手與鼻列成直陣

落勢圖

四　回身勢

右手在前則左轉身（左手在前則右轉身）前脚在後後脚在前仍然前脚進爲一後脚進爲二既進之脚復跟爲三如下圖

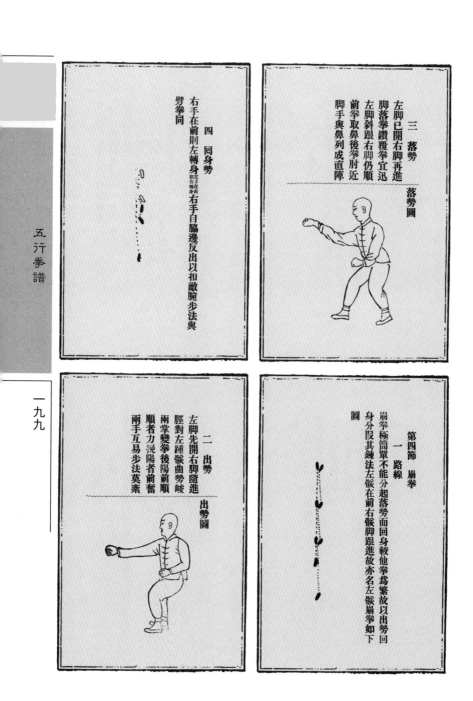

第四節　崩拳

一　路線

崩拳極簡單不能分起落勢而回身較他拳爲繁故以出勢回身分段其鍊法左骸在前右骸脚跟進故亦名左骸崩拳如下圖

二　出勢

左脚先開右脚隨進脛對左踵骸曲勢峻兩掌變拳後陽前順順者力涚陽者前奮兩手互易步法莫紊

出勢圖

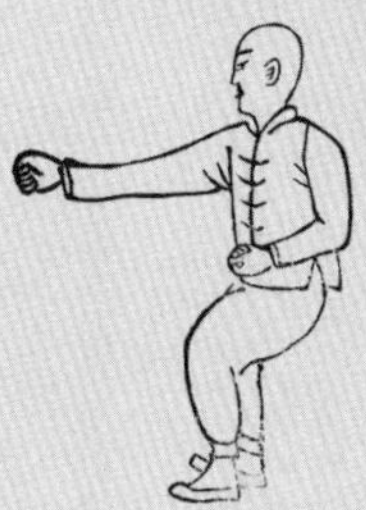

三　落勢

左脚已開右脚再進脚落拳鑽覆拳宜迅左脚斜跟右脚仍順前拳取鼻後拳肘近脚手與鼻列成直陣

落勢圖

四　回身勢

右手在前則左轉身（左手在前則右轉身）右手自脇邊反出以扣敵腕步法與劈拳同

三　回身勢

左脚右横隨勢轉身
右脚横提右拳陽伸
左拳抑抱推捥力均
脚手齊落兩掌變陰
後掌在脇前掌齊心

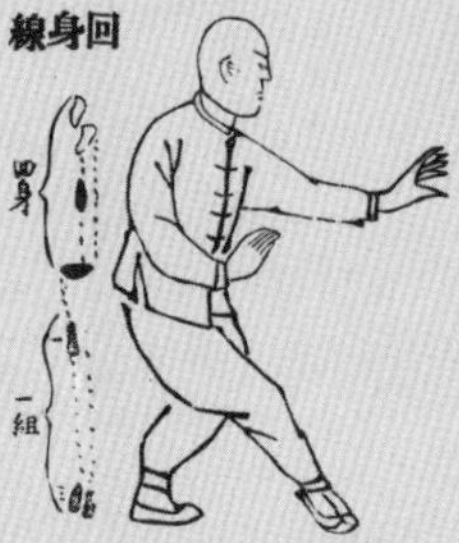

回身勢圖

四　收勢

他拳徑收惟崩拳則於二次回身後打出則左手在前右骰斜退一步脚横落左骰大退一步斜落骰退時兩手存原勢至左脚落時右手猛撤左手力出名曰退步横拳路線如下

第五節　礮拳

一　路線

劈鑽以三步爲一組崩拳以二步爲一組礮拳則以四步爲一組勢皆斜出如下圖

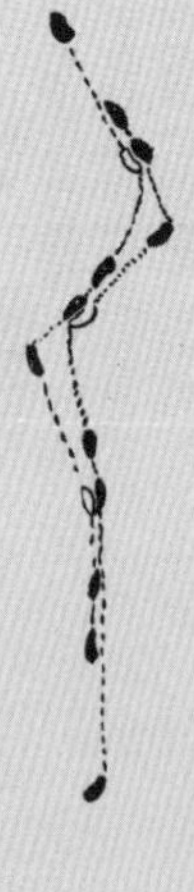

二　起勢

左脚先進右脚隨之
右斜左提眼觀一隅
掌變陽拳右脇左臍
有如丁字莫亢莫卑
兩肘夾肋舌捲氣垂

起勢圖

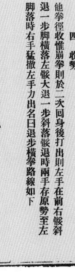

三　落勢

右拳順出如石之投
左拳裏翻置之眉頭
足提者進與左拳侔
左右互換無用他求
試詳路線如龍如虯

落勢圖

四　回身勢

左手出則左轉身（右手出則右轉身）轉時左脚稍動右脚回至左脚地而左脚提起仍斜打譬如路線南北轉身前打東南者轉身後則打東北四隅皆依此類推下為一隅路線圖

第六節　橫拳

一　路線

橫拳亦用斜勢其步數類劈鑽而非直線其彎曲似礮拳而步數減如下圖

二　起勢

前脚提退後脚孤立
兩手成拳前仰後抑
仰者眉齊抑者肘匿
身正眼平卷舌屏息
停峙雖暫宜厚其力

起勢圖

三　落勢

脚進而落已成竄形後拳外鑽前拳退行鑽翻小指退與肘平下拳横出故以横名手足變換反用則成

落勢圖

四　回身式

左手出則右轉身（右手出則左轉身）轉時左脚稍動右脚進左脚進拳鑽右脚跟如下圖

第三章　結論

第一節　練習

一　專練

習拳術者對己者十八對人者十二耳故曰壯身者其常勝敵者其暫也專言壯身無論何拳均可習練至於勝敵則五行拳專擅其長焉且勝敵之道貴精不貴多勝一人用此勢勝人人亦可用此勢務博而荒求繁而亂身體無切磋之磨練應敵無純熟之技藝此兩失也人情之所樂觀而致意者在濃不在澹在博不在約在急不在緩孤幹無枝之喬松固不若鮮花翠柳之快意迨經酷霜冒嚴雪孰為後凋可斷言矣五行拳皆單勢平時練習之正則也

二　久練

深無止境廣無涯涘者惟拳術為然得其淺者一人敵得其最深者何嘗不可萬人敵也習拳固宜虛心而淺嘗輒止忽作忽輟亦不可望其深造且五行拳尤不易為數月已自可觀十年亦非絕藝淺者視之容有後不如前久不如暫者蓋熟化之至內力充外力縮也非多歷年所熟復而無間斷未足以臻此極境臻極境者一由於虛心一由於恒性也爾論者恒謂拳術多

私每有請而不告告而不盡者夫豈其然其心易滿者或輕試而招禍或好爭而欺人自亡之媒也其性無常者一知半解自視已足朝興暮止自謂已成至於試之無效不曰我師欺我則曰所習已誤是不惟傳授失人而拳術亦爲一世所輕矣豈私也哉

第二節　變化

拳雖有五而寔有神妙之功用自其變化言之則劈拳有六鑽礮橫各有七崩拳有九共三十六套以下分述之凡前所有者皆列每段之首

一　劈拳

正步劈拳　進步劈拳　退步劈拳　搖身劈拳　轉身劈拳
捋手劈拳

二　鑽拳

順步鑽拳　進步鑽拳　退步鑽拳　搖身鑽拳　轉身鑽拳
拗步鑽拳　捋手鑽拳

三　崩拳

左骸崩拳　進步崩拳　退步崩拳　搖身崩拳　轉身崩拳
十字崩拳　順勢崩拳　右骸崩拳　捋手崩拳

四　礮拳

拗步礮拳　進步礮拳　退步礮拳　搖身礮拳　轉身礮拳
順步礮拳　捋手礮拳

五　橫拳

拗步橫拳　進步橫拳　退步橫拳　搖身橫拳　轉身橫拳
順步橫拳　捋手橫拳

五行拳譜終

五行拳譜

第一章 總 論

第一節 五行①解

五行者，金、木、水、火、土也。內有五臟，外有五官，皆與五行相配。心屬火，脾屬土，肝屬木，肺屬金，腎屬水，此五行之隱於內者；目通肝，鼻通肺，舌通心，耳通腎，人中通脾，此五行之著於外者。五行有相生之道焉：金生水，水生木，木生火，火生土，土生金；又有相克②之義焉：金克木，木克土，土克水，水克火，火克金。五行見於《洪範》③，而漢儒借之以解經，後人每譏其於義無取，而生克之理究不為不當也。拳之以是取名，用以堅實其內，整飭④其外，取相生之道，以為平時之習練，取相克之義，以為對手之破解云爾，非必沾沾⑤於古說也。

【注釋】

①五行：五行學說認為宇宙萬物都由木火土金水五種基本要素的運行（運動）和循環生剋變化所構成，其最早見於《尚書・洪範》。五行拳就是以五行學說來命名的拳術，其拳法理法，蘊含了中國古代哲學中對事物結構和運動形式認知的高度智慧。

②克：原文全作「克」，與「剋」意義同。

③《洪範》：《尚書》篇名。舊傳為箕子向周武王陳述的「天地之大法」。《尚書・洪範》闡發了一種天授大法、天授君權的神權行政思想，從自然材質談到人類屬性，從政務規劃談到天象規律，對形成中國古代占統治地位的哲學理論

有深遠影響。

④整飭：整頓使有條理。飭，音彳ˋ。

⑤沾沾：執著；拘執。

第二節　五拳①解

崩、鑽、劈、炮、横，五拳之名稱也。崩拳之形似箭，性屬木；炮拳之形似炮，性屬火；横拳之形似彈，性屬土；劈拳之形似斧，性屬金；鑽拳之形似電，性屬水。

由相生之說論之，故横拳能生劈拳，劈拳能生鑽拳，鑽拳能生崩拳，崩拳能生炮拳，炮拳能生横拳也。萬物生於土，故横拳能生各拳。

由相克之說論之，故劈拳能克崩拳，崩拳能克横拳，横拳能克鑽拳，鑽拳能克炮拳，炮拳能克劈拳也。

【注釋】

①五拳：即五行拳，是形意拳體系中最基本的拳法，也被稱為形意母拳。形意拳是我國三大內家拳之一（形意、八卦、太極）。關於形意拳的起源，主要有兩種說法：

一是岳武穆創拳說。李存義所持觀點，可以從弟子閻子陽的手跡中看到：「嘗聞吾師云：形意拳出於山西戴龍邦先生家，以上即托岳武穆為五行拳宗。先年在津與杜顯閣考據，岳公教兵拳勇，無五行之名，蓋係後世托古所附會，或是相演立此名者。」

一是姬際可創拳說。姬際可，清初山西人。姬際可門下分成河南、山西、河北等不同派系，分化成不同的名稱傳承，包括心意六合拳、心意拳、形意拳等。近代盛行的形意拳，是由河北深州李洛能從山西戴氏心意拳發展而來，並加以定名。

第三節　四梢①說

人有血、肉、筋、骨。血肉筋骨之末端曰梢，蓋髮為血梢，舌為肉梢，爪為筋梢，牙為骨梢。四梢用力，則可變其常態，而令人畏懼焉。

一、血　梢

怒氣填膺②，豎髮衝冠，血輪速轉，敵膽自寒，毛髮雖微，摧敵何難。

二、肉　梢

舌捲氣降，雖山亦撼，肉堅比鐵，精神勇敢，一舌之威，落魄喪膽。

三、筋　梢

虎威鷹猛，以爪為鋒，手攫③足踏，氣力兼雄，爪之所到，皆可奏功。

四、骨　梢

有勇在骨，切齒則發，敵肉可食，眥裂④目突，惟牙之功，令人恍惚⑤。

【注釋】

①四梢：形意古譜中「四梢要齊」的理論，為形意拳「八要」之一。劉文華《形意拳術抉微》云：「四梢要齊者，舌要頂，齒要扣，手指腳趾要扣，毛孔要緊也。夫舌頂上齶，則津液上注，氣血流通。兩齒緊扣，則氣貫於骨髓。手指腳趾內扣，則氣注於筋。毛孔緊，則周身之氣聚而堅。」說明四梢有助於催動內力，使身體各系統瞬間爆發出巨大能量。所以，在平時習練時，要注意以神貫意、以意貫氣、以氣貫力，做到內外合一、高度協調。

②膺：音一ㄥ，胸。

③攫：音ㄐㄩㄝˊ，鳥獸以爪抓取，泛指抓。

④眥裂：原文「皆」誤，當為「眥」，杜本以鉛字加勘誤。眥裂，形容憤怒到極點。眥：音ㄗˋ，眼角、上下眼瞼的接合處，靠近鼻子的稱「內眥」，靠近兩鬢的稱「外眥」。

⑤恍惚：難以捉摸。《韓非子・忠孝》：「恍惚，無法之言也。」

第四節　八字訣①

四梢之外，又有八字。拳勢一跕②，八字具備，皆所以蓄力養氣，使敵我者失所措也。此亦五行拳所特有者。八字之名稱：一曰頂；二曰扣；三曰圓；四曰毒；五曰抱；六曰垂；七曰曲；八曰挺。而八字又各有三事，都二十四事。分述之如左。

【注釋】

①八字訣：八字訣是形意拳的身形各部、心法手法的基本要求。八字訣的要求達到了，就可以使自己蓄力養氣，逐漸鍛鍊出攝敵之氣概，對陣時，令敵人（對手）產生神情恍惚、手足無措之感。

②跕：音ㄉㄧㄝˊ，下墜的樣子。在此指身形下蹲，必須同時具備八字訣的要求。

一、三　頂①

頭上頂，有沖天之雄；手外頂，有推山之功；舌上頂，有吼獅吞象之容。是謂三頂。

【注釋】

①三頂：頭頂，具體做法：頭要中正，百會上頂，好似頂著一個東西，同

時下頦內含，這樣頸項自然後凸，同時也就達到了後面「三挺」之中的挺頸的要求了。頭頂和挺頸（豎項）是一個有機的整體。

作用：頭為至高清虛之地，腦在其中。中醫認為「腦為髓之海」，做到了頭頂和挺頸有利於身體背部的督脈清陽之氣上升，以養腦營神，精神抖擻，使人呈現昂揚的鬥志和豪氣沖天的英雄氣概。

手頂，具體做法：五指分開，食指上挑，虎口成半圓狀，拇指盡力外撐，掌心內含，其餘三指微曲，如抓著一個氣球狀。

作用：手外頂能使氣血達於手掌以至手指尖。指尖的指甲為四梢之一（筋梢），精氣貫於筋梢則使掌指堅硬而鋒利，同時亦能使內氣宣於外而氣貫周身，內勁貫通，有如推山之功。

舌頂，具體做法：舌尖抵住軟硬齶交界處，亦稱柱舌、搭橋。唇齒輕輕閉合，兩側臼齒如咬物。

作用：舌抵上齶有助於交通任督二脈，使督脈上升之氣經舌下行，沿身前任脈降入丹田。舌為肉梢，舌捲氣降，則神智清靈，精神勇敢，肉梢旺盛有助於全身氣血貫通，使肌肉充滿力量，堅硬似鐵，一經交觸，令敵「落魄喪膽」。

二、三　扣①

肩扣，則氣力到肘；掌扣，則氣力到手；手足指扣，則周身力厚。是謂三扣。

【注釋】

①三扣：肩扣，具體做法：肩關節、肩鎖關節（鎖骨外端與肩胛骨喙突連接處）鬆開下垂，使膀尖向前，即所謂「熊膀」。

作用：兩肩前扣則背部氣機舒展，前胸空闊，兩膀靈活，勁達於肘，同時利於氣往下沉入於丹田。

掌扣，具體做法：五指分開，掌心內含，虎口撐圓。

作用：利於手臂內側的手三陰經（手太陰肺經、手厥陰心包經、手少陰心經）的氣血暢通，氣力通達於手。

手足指（趾）扣，具體做法：在掌扣的基礎上指尖（食指除外）還要有向內之形。足趾扣即兩腳平鋪，十趾抓地。

作用：手指之端是人體肢體末梢，手指內扣能更好地使內氣內勁達於指端，從而強化梢節功能，增強指掌在技擊中的打擊力。足趾扣（抓地）可使下盤穩健，也有助於力達趾端，增強足蹬地的反彈力，所謂「力發於足」即指此而言。

三、三 圓①

脊背圓，則力催身前；胸圓，則兩肱力全；虎口圓，則勇猛外宣。是謂三圓。

【注釋】

①三圓：脊背圓，具體做法：透過拔背（大椎穴向上領）和扣肩使脊背和兩膀略成圓弧狀。

作用：拔背可助督脈之氣上行，可使兩膀之力左右貫通，形成二爭力。

前胸圓，具體做法：胸前部稍微內含，將胸部放鬆。

作用：胸部是六陰經交會之所，胸背放鬆可使連於五臟（還有心包）的六條陰經保持交接暢通，使兩臂氣勢圓滿。

虎口圓，已於前面「三扣」之中談及，此處不再贅述。

四、三　毒①

心毒，如怒狸攫鼠；眼毒，如覷②兔之饑鷹；手毒，如捕羊之餓虎。是謂三毒。

【注釋】

①三毒：「三毒」講的是心法，也就是內在的精神表現於外的狀態，也有稱「三敏」者。

心毒，指的是精神要沉著機警而且高度集中。眼毒，指的是眼睛敏銳，洞察一切，時刻審視敵人的動向。手毒，指的是動手要穩、準、狠，要有餓虎撲羊的氣勢和出手必勝的勇氣。

②覷：音ㄑㄩˋ，看，偷看，窺探。

五、三　抱①

丹田抱氣，氣不外散；膽量抱身，臨變不變；兩肱抱肋，出入不亂。是謂三抱。

【注釋】

①三抱：丹田抱氣，丹田是培養貯存眞氣的地方，俗稱「小腹」。「抱」在此是存蓄、懷有的意思，即把氣存於丹田。若要氣存丹田，須在站樁和練拳的過程中，用意念將氣從手心、腳心、頭頂心向丹田收引，即古譜所謂「三心要

併」。只有如此，方可將身體中散亂之氣收納於丹田，與丹田元氣相交融，再時時用意觀照丹田，存神用息，念茲在茲，日久則丹田氣充足，身體就會越來越強健，大腦及神經系統的反應愈加靈敏。另外，丹田氣充足可以推動腰部向後鬆，為後面提到的「挺腰」奠定物質（氣是一種特殊的物質）基礎。

膽量抱身，指與敵人交手時要有大無畏的精神，要有勇敢果斷的膽氣，如此才能臨危不亂，胸懷坦蕩豪邁，充分發揮出自己的技術水準。古譜謂「五行合一處，放膽即成功」，可見膽量在技擊中之重要。兩肱抱肋，肱指胳膊由肘到肩的部分，俗稱「大臂」。此句要求上肢出入時大臂要緊靠兩肋，以使周身的力量完整一氣而不至於散亂。古譜謂「兩肘不離肋，兩手不離心，出洞入洞緊隨身」，即此意也。

六、三　垂①

氣垂，則氣降丹田；肩垂，則肩②催肘前；肘垂，則兩肱自圓。是謂三垂。

【注釋】

①三垂：氣垂，指透過意守丹田、沉肩墜肘、含胸拔背等動作要領，使自身眞氣納於丹田之中。

肩垂，指肩關節向下鬆沉，以使身體內力充分達於肘部。

肘垂，即肘關節向下墜，使上肢略成圓弧狀，與後面「三曲」中的「兩肱宜曲」要求一致。

②肩：原文誤作「肩」，據保定本當為「力」。

七、三 曲①

兩肱宜曲，曲則力富；兩股宜曲，曲則力湊；手腕宜曲，曲則力厚。是謂三曲。

【注釋】

①三曲：兩肱宜曲，肱，此處指上肢，要求上肢由墜肘保持一定的弧度，可使上肢的力量充沛而沉實，此謂「曲則力富」。

兩股宜曲，股，此處指下肢，要求下肢也要保持一定的彎曲度，以利於腳下的蹬力更好地通過膝關節傳遞至胯腰直至上肢，此謂「曲則力湊」。

手腕宜曲，指手腕下塌，結合五指分開，食指上挑，拇指外撐，虎口成半圓形，久練可使指腕部力量增強，此謂「曲則力厚」。

八、三　挺①

挺頸，則精氣貫頂；挺腰，則力達四梢；挺膝，則氣恬②神壹。是謂三挺。

【注釋】

②三挺：挺頸，由頭向上頂和下頦回收，改變頸椎向前彎曲的狀態，使頭

部豎直。其作用已於前面「三頂」之中講頭頂時談及，此外不再贅述。

挺腰，具體做法：由拔背和垂尾閭，使腰椎及其韌帶向後放鬆，逐步改變腰部的自然彎曲狀態，使腰部伸直乃至後凸。

作用：腰為腎之外府，腰部放鬆可增強腎的功能，使人元氣充足。另一方面，腰部放鬆可使氣血流通，從而保證主宰一身活動的職能，古人說「力發於足，主宰於腰，形於四肢」，又說「力由脊發」，挺腰有助於達到此境界。

挺膝，指膝關節既要放鬆下沉，同時髕骨要有微微上提的意念，否則一味下沉，就會形成重滯的局面。挺膝有助於保持下肢輕靈而富有彈力。

②恬：音ㄊㄧㄢˊ，安靜，安然，坦然。

第二章 分 論

第一節 開 勢①

五行拳用法最精密，由身而肩、而肱、而手、而指、而股、而足、而舌、而肛門，莫不有說焉。分條列之於左。

【注釋】

①開勢：此處「開」是起始的意思，「勢」是樣式的意思，開勢即起式。形意拳的起式為三體勢。以下「九歌」是站三體勢時身體各部的具體要求，有

的條目與「四梢說」和「八字訣」中的內容有重複。

一、身①

前俯後仰，其勢不勁。左側右欹②，皆身之病。正而似斜，斜而似正。

【注釋】

①身：此處指上半身，包括頭和軀幹。要求頭要上頂，脊柱要豎直。若前俯後仰或左斜右歪，則不能做到挺拔有力，是練拳之大弊病。上體要側向前方，看正似斜，看斜似正。

②欹：音ㄑㄧ，傾斜，歪向一邊。

二、肩①

頭欲上頂，肩須下垂。左肩成坳，右肩自隨。身力到手，肩之所為。

【注釋】

①肩：整體要求向下鬆沉。左肩（前肩）要向前伸，右肩（後肩）也要下沉後撐，兩肩窩向下塌成坳陷狀。這樣，身體的勁力才能順暢地通過肩傳遞至手上。

三、肱①

左肱前伸，右肱在肋。似曲不曲，似直不直。曲則不遠，直則少力。

【注釋】

①肱：音ㄍㄨㄥ，胳膊由肘到肩的部分。要求左臂前伸，右臂緊貼肋旁。兩臂肘關節要下垂，不可伸直，又不能太彎曲，要曲中求直，直中帶曲。因為過曲則發力不遠，過直則使力缺少圓活的彈性。

四、手①

右手在脇②，左手齊心。後者微搨③，前者力伸。兩手皆覆④，用力宜多⑤。

【注釋】

①手：手部，要求右手腕部微搨，放在肋下的臍部，左手向前力伸，腕的高度與心口等高。兩手掌心朝下，向前伸的力和向後拉的力要均衡。

②脇：從腋下到肋骨盡處的部位。

③微搨：搨，音ㄊㄚˋ，古字，與「拓」字略有區別，此處指手掌和腕部的下壓之力。董本作「勁搨」。

④覆：指陽拳變掌，翻手變陰。

⑤多：原文「多」誤，當為「均」，杜本加勘誤。

五、指

五指各分，其形似鈎。虎口圓開，似剛似柔。力須到指，不可強求。

六、股①

左股在前，右股後撐。似直不直，似弓不弓。雖有支絀②，每見雞形③。

【注釋】

①股：動作要領為，左腿在前，右腿在後支撐，兩腿都要保持一定的彎曲度，好似兩張弓。練拳時，重心要左右腿相互轉換，好似雞行走的樣子（指重心偏重一條腿）。

②支絀：支，指射箭時左臂撐弓取直；絀，音ㄔㄨˋ，指右臂彎曲扣弦。此處分別引申為直、曲。《三十六劍譜》云：「所謂絀者，腿屈成方也；所謂支

者，腿伸也。」

③雞形：雞形步，也稱「夾剪步」，形意拳的基本步法，即雙腿微曲，保持「似直不直，似弓不弓」的狀態，以利於前足踩力、後足蹬力。

七、足①

左足直出，欹側皆病。右足勢斜，前踵對脛。二尺距離，足指扣定。

【注釋】

①足：動作要領為，左腳向前直出，不可左右歪斜，右腳與正前方呈四十五度站立，前腳跟對著後腿踝關節，這樣有助於保持重心的穩定，也便於後足蹬力。至於兩腳之間的距離，應該根據每個人的身高不同而定，不可一概而論。兩腳腳趾要抓地。

八、舌

舌為肉梢，捲則氣降。目張髮立，丹田愈壯。肌肉如鐵，內堅腑臟。

九、肛①

提起肛門，氣貫四梢。兩腿繚繞，臀部肉交②。低則勢散，故宜稍高。

開勢不惟五拳開始用之，各拳用者甚夥③，宜熟讀九歌，以自練習。（附圖一）

附圖1　開勢圖

【注釋】

①肛：要求提肛，肛門外括肌輕輕收

縮，使肛門上提。如此能使任督二脈眞氣暢通，從而保證了丹田之氣貫於四肢的末梢。兩腿繚繞，指的是由膝關節內扣和腳後跟外扭，而使下肢內勁呈螺旋上升，由臀部、胯部、腰部傳遞至上肢。姿勢不要過低，過低則勁散，且換步不靈活，故宜稍高。

②臀部肉交：指臀部圓抱之意。

③夥：音ㄏㄨㄛˇ，多。

第二節 劈 拳

一、路 線

形意與諸拳不同者，前腳先進，後腳必跟也。拳之用也，宜速進前腳，則便捷靈敏，必能取勝。拳之進也，宜猛跟後腳，則氣催身往，必不可當，不惟劈拳然也①。劈拳之路線，三步為一組，前腳進為一，後腳進為二，既進之腳復跟為三。如下圖（附圖二）。

附圖2
劈拳路線

二、起　勢

兩手緊握，同變陽拳，拳從口出，小指翻天，高不過肩，力垂左肩，後拳隨出，肘置胸前，眼平舌捲，氣降丹田②。（附圖三）

附圖3　起勢圖

三、落　勢

前腳先開，後腳大進，腳手齊落，推挽兩迅，後腳斜跟，前腳仍順③。指開心齊，後手脅近，腳手與鼻，列成直陣④。（附圖四）

四、回身勢

右手在前則左轉身左手在前則右轉身，前腳在後，後腳在前，仍然前腳進為一，後腳進為二，既進之腳復跟為三。如下圖（附圖五）。

附圖4　落勢圖

附圖5　回身勢路線

【注釋】

①拳之進也……不惟劈拳然也：形意拳進步時要求後腳蹬勁，從而把人體與大地之間的爭力迅速發放到手，極大地增強打擊的威力。舊譜所謂「腳踩中門勿落空，消息全憑後足蹬」。

②兩手緊握……氣降丹田：「高不過肩」當為「高不過眉」，杜本加勘誤。「力垂左肩」當為「力垂兩肩」，杜本加勘誤。陽拳，拳心朝上為陽拳，反之為陰拳。

起勢動作要領為，左手下落回抓變陽拳，右手同時握拳翻轉向上，左臂外旋，左拳經胸前由下頦處向前上方鑽出，拳心斜向上並微向外傾斜，小指向上翻，高度不要超過眼眉，兩肩下垂，後拳隨出置於前臂肘彎處，後肘置於胸前，目平視前手，舌頂上齶，氣沉丹田。

③前腳先開……前腳仍順：開，此處指進步。推挽兩迅，指向前推的手和向後拉的手都要迅速。順，直向前方的意思。

④指開心齊……列成直陣：指開心齊，五指分開，手腕與心口等高。後手脅近，後手靠近脅下肋部。腳手與鼻，列成直陣：前手的食指尖與前腳尖、鼻尖在同一個豎直的平面上，所謂「三尖相照」。

第三節 鑽拳

一、路線

亦以三步為一組，與劈拳同。（附圖六）

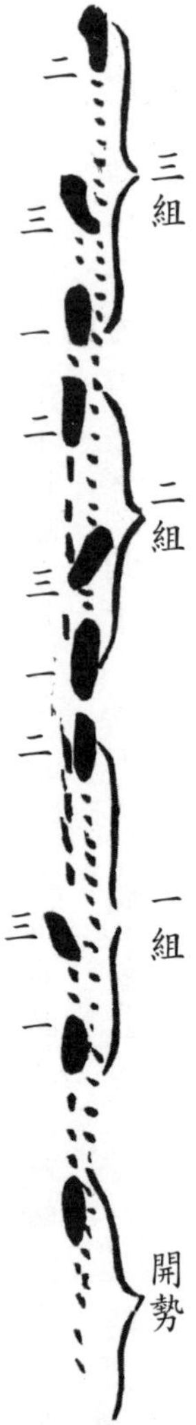

附圖6
鑽拳路線

二、起　勢

左腳前進，左掌翻陽，掌凹肱曲，如弓斯張，右掌握拳，仰置肋旁，眼觀前手，銳氣發揚，速接落勢，乃不能防。（附圖七）①

附圖7　起勢圖

三、落　勢②

左腳已開，右腳再進，腳落拳鑽，覆拳宜迅，左腳斜跟，右腳仍順。前拳取鼻，後拳肘近，腳手與鼻，列成直陣。（附圖八）

四、回身勢

右手在前則左轉身左手在前則右轉身，右③手自脇邊反出，以扣敵腕，步

附圖8　落勢圖

附圖9
回身勢路線

法與劈拳同。（附圖九）

【注釋】

①左腳前進……乃不能防：左腳前進墊步，與正前方呈四十五度，同時左掌

翻，掌心向上，五指分開，掌心微含，肘關節微彎曲如弓狀。右掌握成拳，拳心朝上置於肋旁，目視前手。

②落勢：左腳向前墊步，接著進右腳，同時右拳向前上方鑽出，擊打敵人鼻部，同時左掌往回捋帶，變拳心向下，置於右肘的下方，左腳與正前方呈四十五度斜著跟在後面，右腳直向前方。手尖、腳尖與鼻尖三尖相照。

③右：原文誤作「右」，據保定本當為「後」。

第四節　崩　拳

一、路　線

崩拳極簡單，不能分起落勢，而回身較他拳為繁，故以出勢回身分段①。

其練法，左腿在前，右腿腳跟進，故亦名左腿崩拳。如下圖（附圖十）。

附圖10
崩拳路線

二、出　勢

左腳先開，右腳隨進，脛對左踵，腿曲勢峻，兩掌變拳，後陽前順，順者力挽，陽者前奮，兩手互易，步法莫紊②。（附圖十一）

三、回身勢

左腳右橫，隨勢轉身，右腳橫提，右拳陽伸，左拳抑抱，推挽力均，腳手齊

附圖11　出勢圖

落，兩掌變陰，後掌在脇，前掌齊心③。（附圖十二、附圖十三）

四、收　勢

他拳徑收④，惟崩拳則於二次回身後打出，則左⑤手在前，右腿斜退一步，腳橫落，左腿大退一步斜落；腿退時兩手存原勢至左腳落時，右手猛撤，左手力出，名曰退步橫⑥拳。路線如下（附圖十四）。

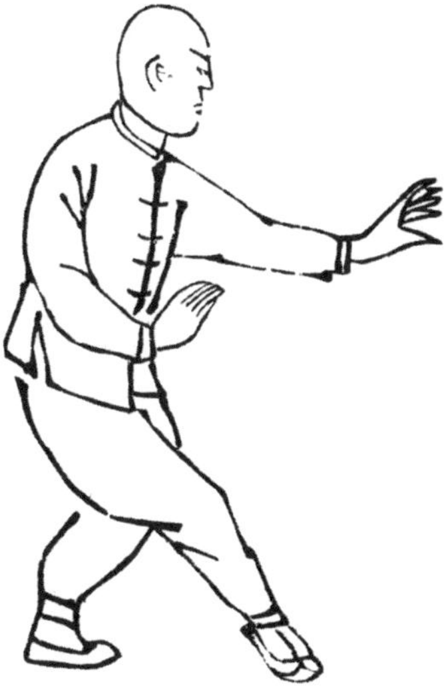
附圖12　回身勢圖

附圖13
回身勢路線

附圖14
收勢路線

【注釋】

①段：原為「叚」字誤，當作

「段」。

②左腳先開……步法莫紊：左腳向前邁出，右腳蹬勁緊跟，踝關節對著前腳跟。兩腿彎曲，進步要疾快。同時兩掌攥成拳，後手成陽拳，前拳拳眼向上（立拳）順直向前，前拳往回撤，後手陽拳向前奮力打出變成立拳，兩手一步一變換位置，步法穩健不能亂。

③左腳右橫……前掌齊心：「左拳抑抱」當為「左拳仰抱」，杜本加勘誤。「腳手齊落」之後應插入「拳變掌」三字，杜本加勘誤。

回身勢動作：左腳往裡扣，身體隨勢轉向後方，右腳橫著提起，右拳成陽拳向前伸出，左拳成陽拳趁於右肘下方，然後右拳變掌往回拉，同時左拳變掌向前劈出，兩掌都變成陰掌，後掌置於肋旁，前掌掌根與心口平。

④他拳徑收：徑，直接的意思。此句的意思是其他拳回身後直接就收勢了。

⑤左：原文誤作「左」，據保定本當為「右」。

⑥橫：原文誤作「橫」，據保定本當為「崩」。退步：後腳後退半步，或前腳後退一步，或兩腳依次後退，皆為退步。

第五節　炮　拳

一、路　線

劈鑽以三步為一組，崩拳以二步為一組，炮拳則以四步為一組，勢皆斜出。如下圖（附圖十五）。

附圖15　炮拳路線

二、起 勢

左腳先進，右腳隨之，右斜左提，眼觀一隅①，掌變陽拳，右脇左臍，有如丁字，莫亢莫卑，兩肘夾肋，舌捲氣垂。（附圖十六）

三、落 勢

右拳順出，如石之投②，左拳裏③翻，置之眉頭，足提者進，與左拳侔，④左右互換，無用他求，試詳路線，如龍如虬⑤。（附圖十七）

附圖16　起勢圖

附圖17　落勢圖

四、回身勢

左手出則左轉身右手出則右轉身，轉時左腳稍動，右腳回至左腳地，而左腳提起，仍斜打，譬如路線南北，轉身前打東南者，轉身後則打東北，四隅皆依此類推，下為一隅路線圖。（附圖十八）

附圖18
回身勢路線

【注釋】

①眼觀一隅：隅，音ㄩˊ，角落，靠邊的地方；在此指目視左前方。

②如石之投：如拋出的石頭，意指炮拳如出膛之彈，瞬間崩出，其性烈猛。

③裏：原文「裏」誤，當為「裏」，杜本加勘誤。

④足提者進，與左拳侔：侔，音ㄇㄡˊ，相等、齊的意思。本句指提起的右腳

與打出的左拳同時到達終點。

⑤試詳路線，如龍如虬：虬，音ㄑㄧㄡˊ，「虬」字的異體字，傳說中有角的小龍。以龍、虬形容彎曲、曲折的樣子。本句指炮拳的行進路線像龍蛇的行進一樣彎彎曲曲的。

第六節 橫拳

一、路線

橫拳亦用斜勢，其步數類劈鑽而非直線，其彎曲似炮拳，而步數減。如下圖（附圖十九）。

附圖19　橫拳路線

二、起　勢

前腳提退，後腳孤立，兩手成拳，前仰後抑①，仰者眉齊，抑者肘匿②，身正眼平，捲舌屏息，停峙雖暫，宜厚其力。（附圖二十）

三、落　勢

腳進而落，已成剪形，後拳外鑽，前拳退行，鑽翻小指，退與肘平，下拳橫出，故以橫名，手足變換，反用則成。（附圖二十一）

附圖20　起勢圖

附圖21　落勢圖

四、回身式

左手出則右③轉身右手出則左④轉身，轉時左腳稍動，右腳進，左腳進，拳鑽右腳跟。如下圖（附圖二十二）。

附圖22
回身式路線

【注釋】

①前仰後抑：指前手成陽拳，後手成陰拳向下壓。

②仰者眉齊，抑者肘匿：前面的陽拳與眉等高，後邊的陰拳藏於前臂肘下。

③右：原文「右」誤，當為「左」，杜本加勘誤。

④左：原文「左」誤，當為「右」，杜本加勘誤。

第三章 結 論

第一節 練 習

一、專 練

習拳術者，對己者十八，對人者十二①耳。故曰：壯身者其常，勝敵者其暫也。專言壯身，無論何拳，均可習練。至於勝敵，則五行拳專擅其長焉；且勝敵之道貴精不貴多，勝一人用此勢，勝人人亦可用此勢。

務博而荒，求繁而亂。身體無切確之磨練，應敵無純熟之技藝，此兩失也。人情之所樂觀而致意者，在濃不在澹②，在博不在約，在急不在緩。孤幹無枝之喬松，固不若鮮花翠柳之快意，迨③經酷霜冒嚴雪，孰④為後凋？可斷言矣。五行拳皆單勢，平時練習之正則⑤也。

二、久 練

深無止境、廣無涯涘⑥者，惟拳術為然。得其淺者一人敵，得其最深者何嘗不可萬人敵也。習拳固宜虛心，而淺嘗輒止，忽作忽輟，亦不可望其深造。且五行拳尤不易為，數月已自可觀，十年亦非絕藝。淺者⑦視之，容有後不如前，久不如暫者。蓋熟化之至，內力充，外力縮也，非多歷年所⑧，孰復⑨而無間斷，未足以臻⑩此極境；臻極境者，一由於虛心，一由於恒性也。

謂論者恒謂⑪拳術多私，每有請而不告、告而不盡者，夫豈其然！其心易滿者，或輕試而招禍，或好爭而欺人，自亡之媒⑫也。其性無常者，一知半解，自視已足，朝興暮止，自謂已成，至於試之無效，不曰我師欺我，則曰所習已誤。是不惟傳授失人，而拳術亦為一世所輕矣，豈私也哉！

【注釋】

①對己者十八，對人者十二：習練拳術者，以鍛鍊身體、修身養性為主要目的，占十分之八；以對敵應用為次要目的，占十分之二。

②澹：音ㄉㄢˋ，通「淡」。

③迨：音ㄉㄞˋ，等到。

④熟：原文「熟」誤，當為「孰」，杜本加勘誤。孰，哪個。

⑤正則：正規，常規。

⑥涯涘：邊際與界限，引申為盡頭。涯，音ㄧㄚˊ；涘，音ㄙˋ。

⑦淺者：指不懂拳術的外行人。

⑧多歷年所：經歷的年數很多。歷，經歷。年所，年數。

⑨熟復：反覆熟習。

⑩臻：音ㄓㄣ，達到。

⑪謂論者恒謂：當為「論者恒謂」，衍一「謂」字，杜本加勘誤。恒謂：

經常說。恒，經常。謂，說。

⑫自亡之媒：指行為不慎，成為自取滅亡的原因。媒，使雙方發生關係的人或事物，引申為事物發生的誘因。

第二節　變　化

拳雖有五，而實有神妙之功用。自其變化言之，則劈拳有六，鑽炮橫各有七，崩拳有九，共三十六套，以下分述之。凡前所有者，皆列每段之首。

一、劈　拳

正步劈拳　進步①劈拳　退步劈拳　搖身②劈拳　轉身劈拳　捋手③劈拳

二、鑽　拳

順步④鑽拳　進步鑽拳　退步鑽拳　搖身鑽拳　轉身鑽拳　拗步⑤鑽拳

捋手鑽拳

三、崩　拳

左腿崩拳　進步崩拳　退步崩拳　搖身崩拳　轉身崩拳　十字崩拳⑥　順勢崩拳　右腿崩拳　捋手崩拳

四、炮　拳

拗步炮拳　進步炮拳　退步炮拳　搖身炮拳　轉身炮拳　順步炮拳　捋手炮拳

五、橫　拳

拗步橫拳　進步橫拳　退步橫拳　搖身橫拳　轉身橫拳　順步橫拳　捋手橫拳

【注釋】

①進步：前腳前進半步，或後腳前進一步，或兩腳依次前進，稱進步，也稱上步。

②搖身：利用身法、身形的左右閃躲、上下起伏，達到欺進的目的，進攻敵人，即古譜所謂「如遇人多，三搖兩旋」之法。

③捋手：左手捋帶對方肘及胳膊，含有捋、裹、壓、扣、撓之勁意，欲將其撇出摔倒，右手打擊，為左捋手，反之為右捋手。

④順步：定式後，同側手腳在前，稱順步姿勢。要求，前腳跨，後腳蹬。

⑤拗步：定式後，異側手腳在前，稱拗步姿勢。左腳右臂在前，為左拗步；右腳左臂在前，為右拗步。要求，前腳掌外擺，後腳掌內扣。

⑥十字崩拳：也稱拗步崩拳。

五行拳譜終

連環拳譜

第一章　總論

第一節　名稱

變化五行拳合爲一套倏進倏退勢皆循環光怪陸離勢皆連貫故謂之連環拳以其進退無常也故又謂之進退連環拳今從簡稱

第二節　練習

連環拳以五行拳爲母五拳未能習熟不必學連環拳此拳共有十勢又進退各半雖往復練之範圍亦小是以有引長之法練習於寬地亦不見爲短也引長之法前節不轉身至崩拳仍接二勢則往復足四十勢矣

第三節　應用

拳法以應用爲主連環拳可以連環用之握之則爲拳伸之則爲掌故可變爲連環掌此徒手之應用也刀槍棍劍無不可用有刃者則砍有鋒者則刺無鋒刃者則打不過手勢之變化耳故器械無論雙單長短大小皆可包括無遺苟明變化之功用何往而不應用哉

第四節　路線

第二章　分論

第一節　開勢

連環拳仍用五行拳之開勢

開勢圖

第二節　進步崩拳

由開勢兩手變拳進左骸左拳陰出順落齊心左拳順回陽落齊臍同時右骸隨進脛對左踵提肛兩骸稍紐

進步崩拳圖

第三節　退步橫拳

右髲斜退一步脚橫落左髲大退一步脚斜落右髲退時兩手存原勢至左脚落時右手猛撤齊臍左手力出齊心兩髲翦形故又名翦子步

退步橫拳圖

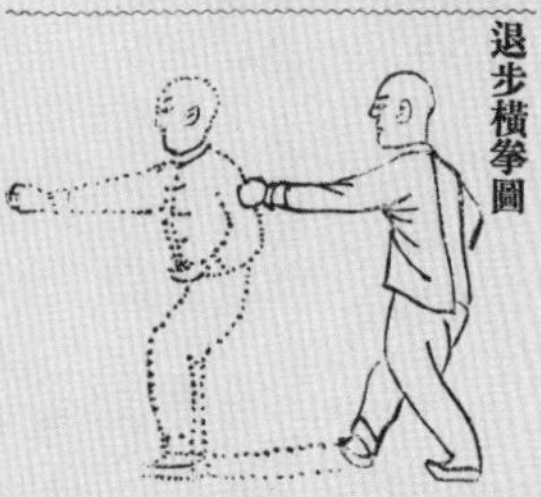

第四節　順步崩拳

左髲進紲右拳陽出順落齊心左拳順回陽落齊臍左脚稍跟

順步崩拳圖

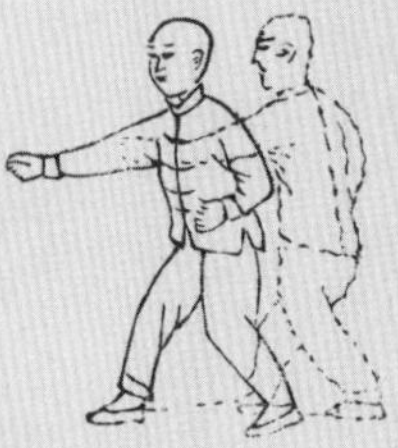

第五節　白鵝亮翅

左髲退兩拳攏至襠成十字即以原勢上起至額兩拳又各繞半圓至襠左掌右拳力打右髲於上起時撤與左髲並兩髲皆稍紲

白鵝亮翅圖

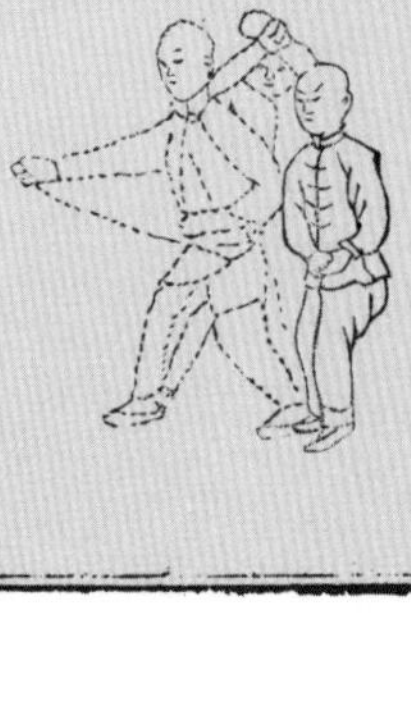

第六節　進步礮拳

右髲進紲左拳出齊心右拳翻上至額是謂拗步礮拳

進步礮拳圖

第七節　退步鑽拳

右骽大退右掌下落左拳由胸部鑽出左骽退與右脚並兩骽稍絀兩陽掌置臍部左橫右頂

退步鑽拳圖

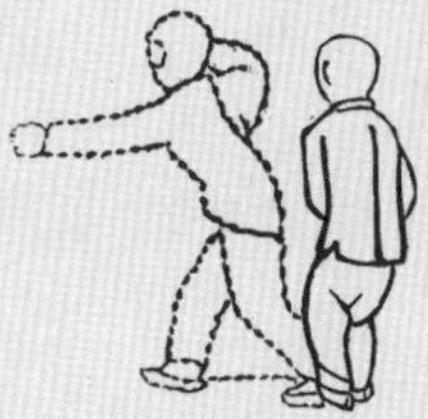

第八節　進步撥掌

左骽進左掌外撥右骽右拳皆存原勢眼視掌左骽絀右骽支

進步撥掌圖

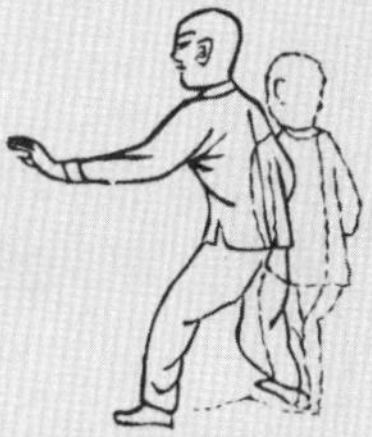

第九節　進步鑽拳

左骽稍進仍絀左掌變拳右拳出小指上翻左拳回撤陽置肋右骽稍跟

進步鑽拳圖

第十節　拗步劈拳

左骽進兩拳陽置胸前左上右下右脚橫落左掌覆推右掌覆挽眼視前掌俗稱狸貓上樹

拗步劈拳圖

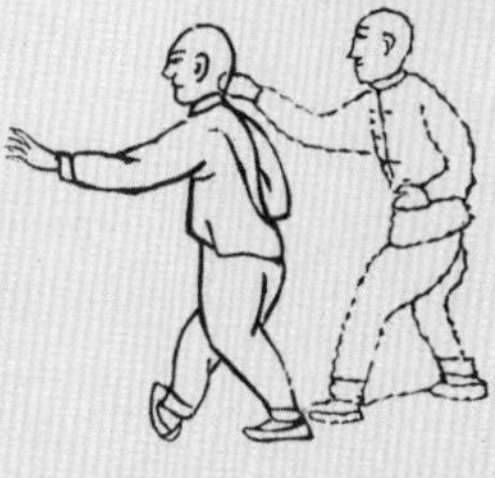

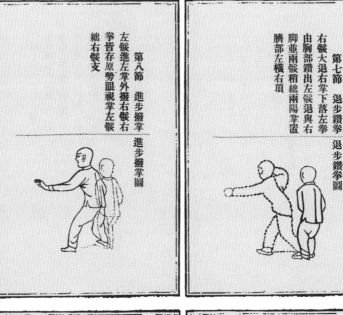

第十一節　進步崩拳

兩手變拳右脚順進左髲大進右拳陰出順落齊心左掌順回陽落齊臍右髲隨進脛對左踵提肛兩髲稍紲

進步崩拳圖

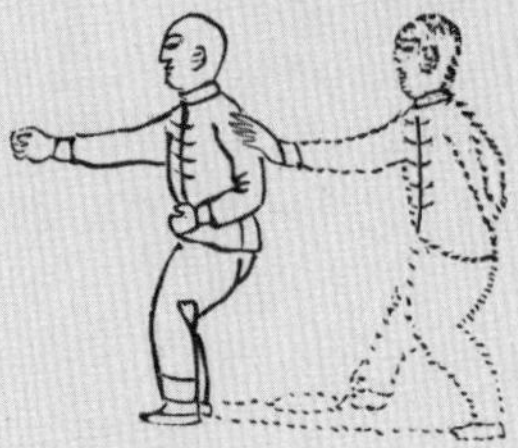

第十二節　回身勢

左脚右橫隨勢轉身右脚橫提右拳陽伸左拳抑抱推挽力均脚手齊落兩掌變陰後掌在脇前掌齊心

連環拳譜終

回身勢圖

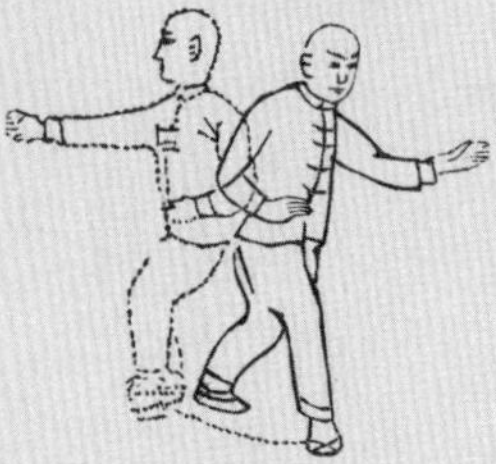

連環拳譜

第一章　總　論

第一節　名　稱

變化五行拳合為一套，倏①進倏退，勢皆循環，光怪陸離②，勢皆連貫，故謂之連環拳。以其進退無常也，故又謂之進退連環拳。今從簡稱。

【注釋】

①倏：音ㄕㄨ，極快地，忽然。

②光怪陸離：形容奇形怪狀，五顏六色。此處指拳法變換，奧妙無窮。

第二節　練習

連環拳以五行拳為母，五拳未能習熟，不必學連環拳。此拳共有十勢，又進退各半，雖往復練之，範圍亦小。是以有引長之法，練習於寬地，亦不見為短也。

引長之法，前節不轉身，至崩拳仍接二勢，則往復足四十勢矣。

第三節　應用

拳法以應用為主，連環拳可以連環用之，握之則為拳，伸之則為掌，故可變為連環掌，此徒手之應用也。

刀槍棍劍無不可用，有刃者則砍，有鋒者則刺，無鋒刃者則打，不過手勢之變化耳。故器械無論雙單長短大小，皆可包括無遺。苟明變化之功用，何往而不應用哉。

第四節 路 線（附圖二十三）

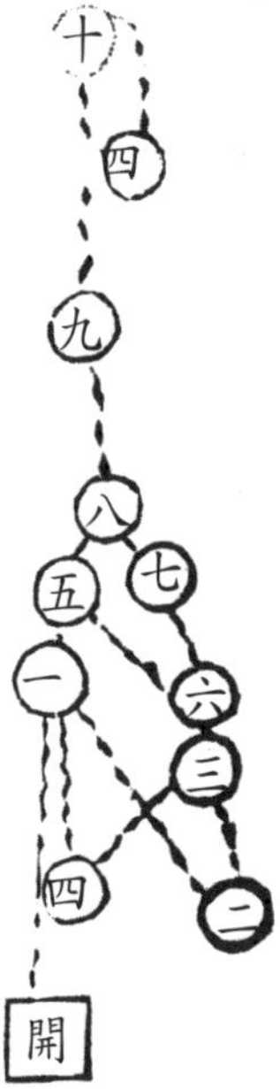

附圖23
連環拳路線

第二章 分論

第一節 開勢

連環拳仍用五行拳之開勢。

（附圖二十四）

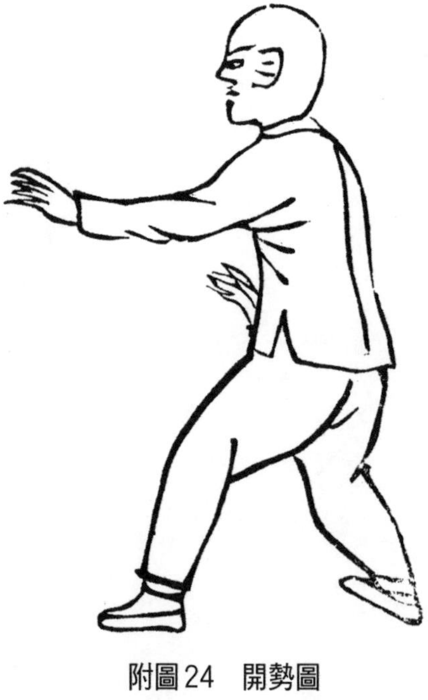

附圖24　開勢圖

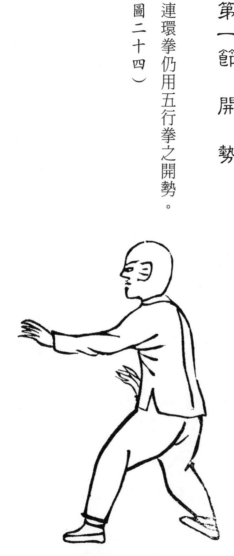

第二節　進步崩拳

由開勢兩手變拳，進左腿，左①拳陰②出順落齊心，左拳順回陽落齊臍；同時右腿隨進，脛對左踵，提肛，兩腿稍絀。（附圖二十五）

【注釋】

①左：原文誤作「左」，據保定本當為「右」。

②陰：原文誤作「陰」，據保定本當為「陽」。

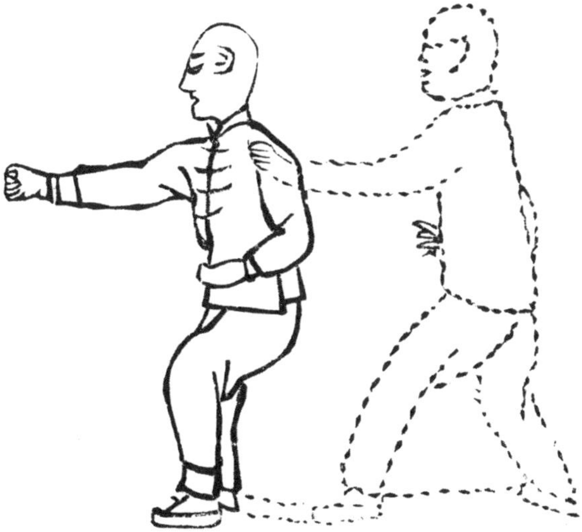

附圖25　進步崩拳圖

第三節　退步橫拳

右腿斜退一步，腳橫落；左腿大退一步，腳斜落。右腿退時兩手存原勢，至左腳落時，右手猛撤齊臍，左手力出齊心，兩腿剪形，故又名剪子步①。

（附圖二十六）

【注釋】

①剪子步：也稱剪子股式、龍形步。左腳外擺九十度在前，右腳在後，腳跟離地二三分下踩，腳尖向前，對左腳腳跟，右膝藏於左膝窩下，重心在兩腿中間，此為左剪子股式。反之為右剪子股式。

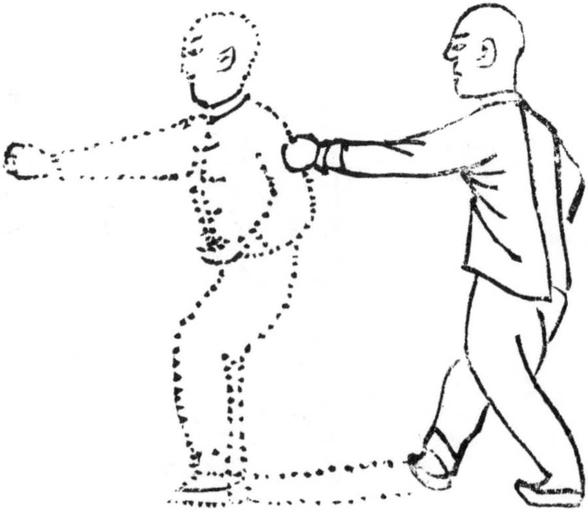

附圖26　退步橫拳圖

第四節　順步崩拳

左①腿進絀，右拳陽出順落齊心，左拳順回陽落齊臍，左腳稍跟。（附圖二十七）

【注釋】

①左：原文誤作「左」，據保定本當為「右」。

附圖27　順步崩拳圖

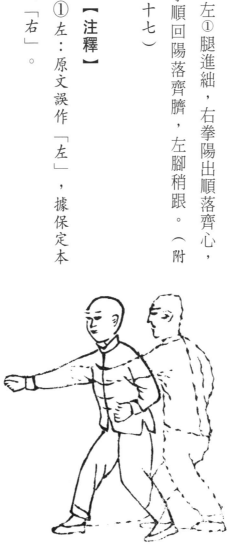

第五節　白鵝亮翅

左腿退，兩拳攏至襠成十字，即以原勢上起至額，兩拳又各繞半圓至襠，左掌右拳力打，右腿於上起時撤與左腿並，兩腿皆稍絀。（附圖二十八）

附圖28　白鵝亮翅圖

第六節　進步炮拳

右腿進絀，左拳出齊心，右拳翻上至額，是謂拗步炮拳。（附圖二十九）

附圖29　進步炮拳圖

第七節　退步鑽拳

右腿大退，右掌下落，左拳由胸部鑽出，左腿退與右腳並，兩腿稍絀，兩陽掌置臍部，左橫右頂。（附圖三十）

附圖30　退步鑽拳圖

第八節　進步撥掌①

左腿進，左掌外撥，右腿右拳皆存原勢，眼視掌，左腿絀右腿支。（附圖三十一）

【注釋】

①撥掌：掌心向上，掌經胸前向異側前方伸出，再轉向同側前方撥轉。在撥轉的同時，前臂內旋，掌心轉向下；手臂微曲，順肩垂肘，力達外沿。是謂撥掌。

附圖31　進步撥掌圖

第九節　進步鑽拳

左腿稍進仍紐，左掌變拳，右拳出，小指上翻，左拳回撤陽置肋，右腿稍跟。（附圖三十二）

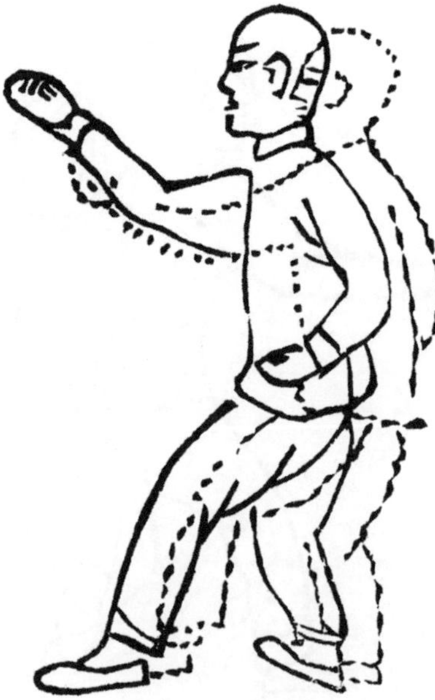

附圖32　進步鑽拳圖

第十節　拗步劈拳

左腿進，兩拳陽置胸前，左上右下，右腳橫落，左掌覆推，右掌覆挽，眼視前掌，俗稱狸貓上樹。（附圖三十三）

附圖33　拗步劈拳圖

第十一節　進步崩拳

兩手變拳，右腳順進，左腿大進，右拳陰出，順落齊心，左掌順回，陽落齊臍，右腿隨進，脛對左踵，提肛，兩腿稍絀。（附圖三十四）

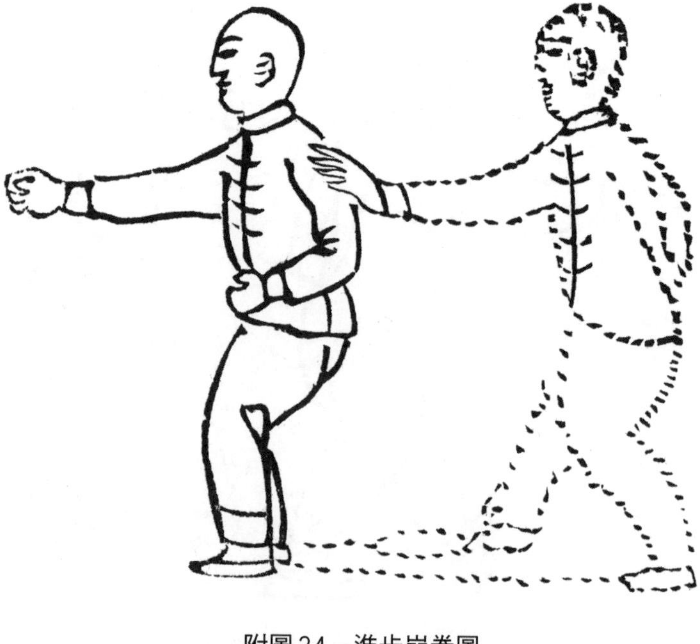

附圖34　進步崩拳圖

第十二節　回身勢

左腳右橫，隨勢轉身，右腳橫提，右拳陽伸，左拳抑抱，推挽力均，腳手齊落，兩掌變陰，後掌在脅，前掌齊心。（附圖三十五）

連環拳譜終

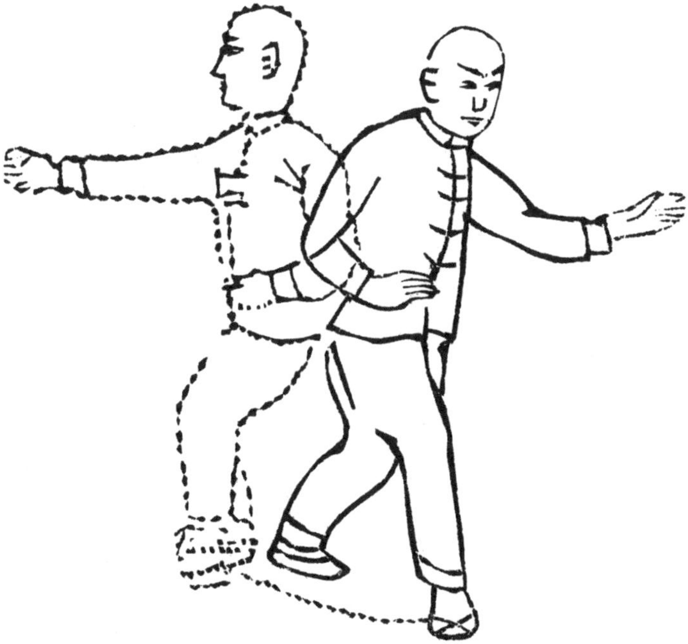

附圖35　回身勢圖

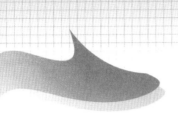

歡迎至本公司購買書籍

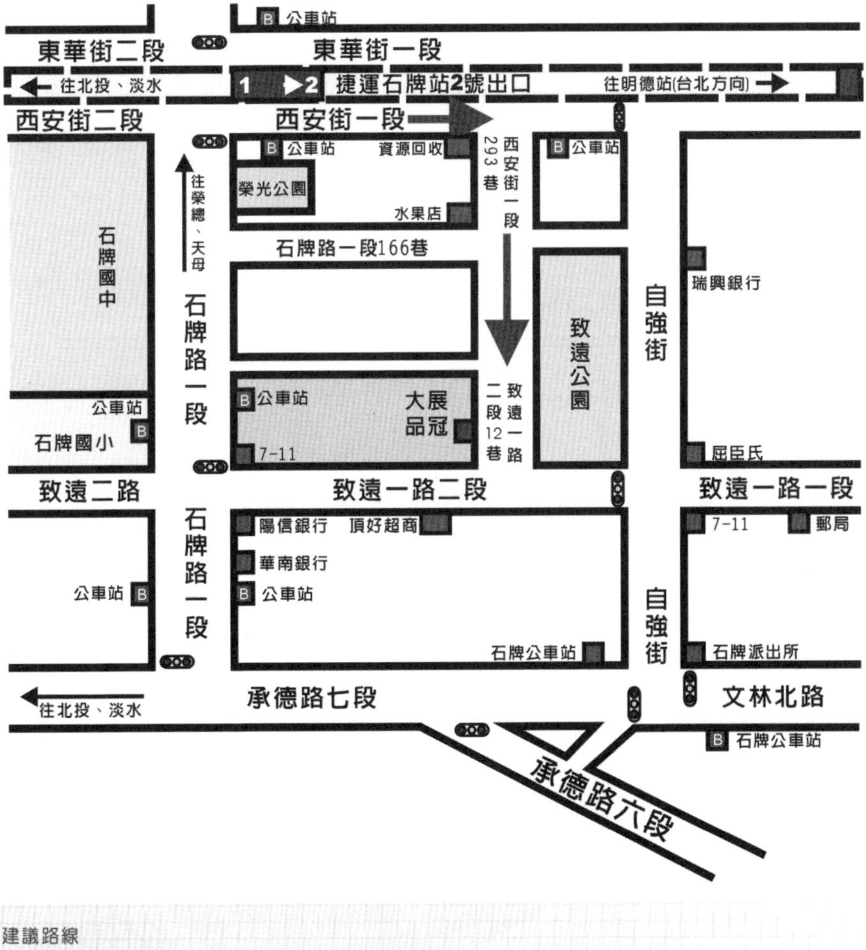

建議路線

1.搭乘捷運・公車

淡水線石牌站下車，由石牌捷運站２號出口出站(出站後靠右邊)，沿著捷運高架往台北方向走(往明德站方向)，其街名為西安街，約走100公尺(勿超過紅綠燈)，由西安街一段293巷進來(巷口有一公車站牌，站名為自強街口)，本公司位於致遠公園對面。搭公車者請於石牌站(石牌派出所)下車，走進自強街，遇致遠路口左轉，右手邊第一條巷子即為本社位置。

2.自行開車或騎車

由承德路接石牌路，看到陽信銀行右轉，此條即為致遠一路二段，在遇到自強街(紅綠燈)前的巷子(致遠公園)左轉，即可看到本公司招牌。

國家圖書館出版品預行編目資料

李存義 岳氏意拳五行精義／李存義 著 閻伯群 李洪鐘 校注
——初版，——臺北市，大展，2019〔民108.08〕
面；21公分 ——（武學名家典籍校注；14）
ISBN 978－986－346－255－2（平裝）
1.拳術 2.中國
528.972 108009344

李存義 岳氏意拳五行精義

著　　者／李存義
校 注 者／閻伯群　李洪鐘
責任編輯／苑博洋　劉瑞敏
發 行 人／蔡森明
出 版 者／大展出版社有限公司
社　　址／台北市北投區（石牌）致遠一路2段12巷1號
電　　話／（02）28236031・28236033・28233123
傳　　眞／（02）28272069
郵政劃撥／01669551
網　　址／www.dah-jaan.com.tw
E－mail ／service@dah-jaan.com.tw
登 記 證／局版臺業字第2171號
承 印 者／傳興印刷有限公司
裝　　訂／眾友企業公司
排 版 者／弘益電腦排版有限公司
授 權 者／北京科學技術出版社
初版1刷／2019年（民108）8月

定 價／ 350元

大展好書　好書大展
品嘗好書　冠群可期

大展好書　好書大展
品嘗好書　冠群可期